鲍鹏山 —— 著

我们的根与源

鲍鹏山讲中国传统文化

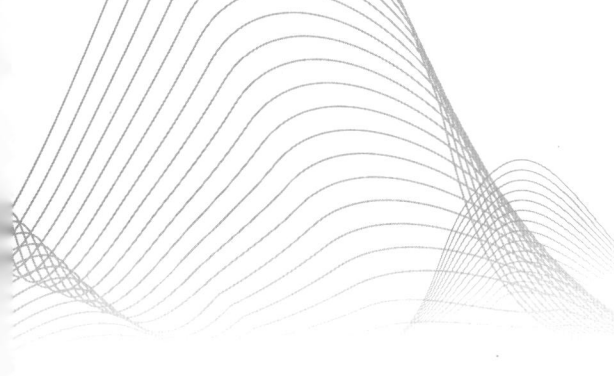

青岛出版集团
青岛出版社

图书在版编目（CIP）数据

我们的根与源：鲍鹏山讲中国传统文化 / 鲍鹏山著. —青岛：青岛出版社，2023.6
ISBN 978-7-5736-1109-3

Ⅰ.①我… Ⅱ.①鲍… Ⅲ.①中华文化—通俗读物
Ⅳ.①K203-49

中国国家版本馆CIP数据核字（2023）第110816号

WOMEN DE GEN YU YUAN——BAOPENGSHAN JIANG ZHONGGUO CHUANTONG WENHUA

书　　名	我们的根与源——鲍鹏山讲中国传统文化
著　　者	鲍鹏山
出版发行	青岛出版社（青岛市崂山区海尔路182号，266061）
本社网址	http://www.qdpub.com
邮购电话	0532-68068091
责任编辑	刘克东　韦雨涓　李　爽
封面设计	咸青华
版式设计	阅优文化
制　　版	青岛乐喜力科技发展有限公司
印　　刷	青岛乐喜力科技发展有限公司
出版日期	2023年6月第1版　2023年12月第3次印刷
开　　本	16开（710mm×1000mm）
印　　张	14
字　　数	160千
书　　号	ISBN 978-7-5736-1109-3
定　　价	46.00元

编校印装质量、盗版监督服务电话：4006532017　0532-68068050

引 言

德国著名哲学家卡尔·西奥多·雅斯贝尔斯在1949年出版了《历史的起源与目标》一书,他站在世界文化的旷野上,对一个时代和这个时代的人物给予了极高的评价。

这个时代在中国,就是春秋战国时代。

雅斯贝尔斯把这个时代称之为人类文明的"轴心时代"(公元前800年至公元前200年之间,尤其是公元前600年至公元前300年间)。在这个时代,在地球上北纬30度上下区间里,人类的文明精神出现了重大突破,诞生了许多伟大的精神导师——中国有孔子、老子,古希腊有苏格拉底、柏拉图、亚里士多德,迦南有犹太教的先知们,古印度有释迦牟尼……

雅思贝尔斯认为,这种突破,是对原始文化的超越,并称之为人类"终极关怀的觉醒"。人类开始用理智的方法、道德的方式来面对世界,宗教开始出现。今天西方国家、印度、中国、伊斯兰国家分别呈现出不同的文化形态,就是由于他们各自出现了不同的突破和超越类型。

如何理解雅斯贝尔斯所说的"终极关怀的觉醒"？

第一，人类试图从整体上把握世界，对宇宙现象予以抽象化，把世间万象逻辑化，而不是零打碎敲地、个别地、孤立地认识世界。同时，人类开始严肃地思考人类和宇宙的关系，即司马迁所说的"究天人之际"——认识论出现。

第二，人类开始有了"类"的自觉和个体自觉，开始认识到人类的种属特性和每一个个体的自我身心，认识到人与世界的关系——世界观觉醒。

第三，开始思考人我关系，开始认识到人是有道德使命的，即人是道德的存在，从而区别于一般动物；而且，人还负有建设道德世界的责任——伦理学展开。

第四，人类有了明确的时间意识，开始关注人类历史，意识到人类是一个文化的存在，并且有着文化的使命和宿命，即司马迁所说的"通古今之变"——历史观诞生。

其实，在中国，在雅斯贝尔斯所谓的轴心时代过去不到100年的汉武帝时代，一位大学者——司马迁的父亲司马谈，就对中国的轴心时代做了深刻的观察。他的一篇专题论文《论六家要旨》，总结、评价了轴心时代诸子的思想，并创造性地将其分为六个重要的思想流派：阴阳家、儒家、墨家、名家、法家、道德家。

此后再过了大约200年，东汉大学者、史学家班固在他的《汉书·艺文志》中，在"六家"之外又加了"四家"：纵横家、农家、杂家、小说家。于是，便有了"九流十家"之说。

然而,"九流十家"仍然没有囊括那个时代中国人的信仰、思想与知识,比如,还有兵家、医家……

他们是这样一些人:老子、孔子、墨子、孙子、孟子、庄子、商鞅、荀子、韩非……

他们鼓吹着这样一些概念:道、德、仁、义、礼、智、信、勇、法、术、势、王道、仁政、兼爱、尚贤、大同、小康……

每一个概念的背后都蕴含着深刻的思想。这些思想是对整个人类文明和人类道德使命的思考,这些思考变成了文明的成果积淀下来,这些积淀最后就成了人类生存的价值观和价值基础。

并且,这些价值观,既是普世的,与世界各民族的基本价值观相一致,还形成了独特的民族特色及其风格,以及价值的实现路径。中国,文化意义上的中国,开始了!

这个时代,是活色生香的时代,是龙腾虎跃的时代,是"鸢飞戾天,鱼跃于渊"(《诗经·大雅·旱麓》)的时代。这是一个有故事的时代。

这个时代的故事,都包含着一个民族的文化DNA。在这些故事里,藏着中国,藏着中国的过去、现在,更藏着中国的未来。

目录

一　紫气东来：中国之道　　　　　　001

二　杏坛弦歌：中国之教　　　　　　029

三　楚王攻宋：中国人的爱与正义　　045

四　城门立木：中国人的怕与奴役　　063

1

| 五 | 以羊易牛：中国人的人性与道德 | 091 |

| 六 | 庄周梦蝶：中国人的人格与自由 | 117 |

| 七 | 子贡说齐：中国的政治与制度 | 149 |

| 八 | 管鲍之交：中国式友谊 | 169 |

| 九 | 孟姜女哭长城：中国良知 | 193 |

一 紫气东来：中国之道

> 至关,关令尹喜曰:"子将隐矣,强为我著书。"于是老子乃著书上下篇,言道德之意五千余言而去,莫知其所终。
> ——司马迁《史记·老子韩非列传》

> 老子西游,关令尹喜望见有紫气浮关,而老子果乘青牛而过也。
> ——唐司马贞《史记索隐》引汉刘向《列仙传》

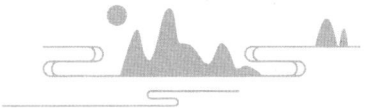

1

"弑君三十六,亡国五十二"(《史记·太史公自序》)——这是孔子描述的春秋时代。

雅思贝尔斯所说的"轴心时代"中的公元前600年,大约就是老子的诞生时间。

关于老子,司马迁在《史记·老子韩非列传》中这样记述:

> 老子者,楚苦县厉乡曲仁里人也,姓李氏,名耳,字聃,周守藏室之史也。

老子是楚国苦县厉乡曲仁里人。姓李,名耳,字聃,做过周朝掌管藏书室的史官。

看,老子是哪个国家的人我们知道了,哪个县也知道了,哪个乡也知道了,甚至哪个村我们也知道了;姓也有了,名也有了,字也有了,官职也有了。说得非常明白。

但有关老子的一切，自古以来就神秘莫测：去了其实是来了，死了好像才是出生了，结束了其实才是开始了，明白的其实是不明白的。你看司马迁这段记载，讲老子的籍贯、姓氏，特别明白却又完全不明白。为什么？

第一个不明白：姓名问题。

既然他姓李名耳，我们叫他李耳就是了，或叫李聃不就行了，为什么又叫老子呢？司马迁偏偏不说。

于是就有各种解释。有的是这样解释的：

长寿。老子寿命很长，司马迁在《史记·老子韩非列传》的后面也讲到了。

还有，"老"这个字和一个字的字形非常相似，就是"考"——最后一笔往上面一勾就是"老"，往下面一勾就是"考"。"考"也是长寿的意思，有一个词："寿考"。所以老子大概是个很长寿的人。但是司马迁没有直接告诉我们，李耳之所以叫老子，是因为他长寿，一句话的事情，司马迁没说，或者就是不想说，或者他也不知道是不是这个原因。这就留下了一个很大的疑团。

还有的是这样解释的：

三国葛玄《道德经序诀》说"老子生而皓首"，一生下来就满头白发。我觉得这个说法，倒符合葛玄这样人的思维特征。他不是在讲历史，也不是在讲事实和科学，他在讲寓言。他用的是象征和隐喻的手法。所谓"生而皓首"，实际上是指他一生下来就饱经风霜：历史的一粒灰尘，落到一个人头上，就是一头白发。并且，这个隐喻还不仅与他的个人经历、心灵与智慧有关，更与我们这个早熟民族的心灵与文化密切相关。他的职业——"周守藏室之史"实际上也可能是一个隐喻，与前一个隐喻是一个因果系统——我们历史悠久，饱经风霜；我们少年老成，"老奸巨猾"。读《道德经》，我们感受到的，就是一个民族的早熟。

还有一种解释，唐张守节《史记正义》说：

> 《玄妙内篇》云："李母怀胎八十一载，逍遥李树下，乃割左腋而生。"又云："玄妙玉女梦流星入口而有娠，七十二年而生老子。"

又《上元经》云：

> 李母昼夜见五色珠，大如弹丸，自天下，因吞之，即有娠。

这就还是那个伟大人物都有不平凡的孕育和生育现象的古代神话套路。

当然也有从事理上理解的，《史记正义》引唐朝道士张君相的话说：

> 老子者是号，非名。老，考也。子，孳也。考教众理，达成圣孳，乃孳生万物，善化济物无遗也。

这是从圣人思想考教众理，教化万物的角度来解释"老子"

一名。但这样的解释，就太师心自用了，是不靠谱的。

撇开"老子"这一称呼的不可解，"李耳"一名，其实也很有意思。《史记正义》说："姓李，名耳，字伯阳，一名重耳，外字聃。"春秋战国时代，人们起名字有一个特点：往往以身体的某一特征起名，如孔丘者，头顶不平如丘也。李耳，字聃，"聃，耳曼也"，就是说他耳朵长。现在老子的画像也好，塑像也好，耳朵都很大，如福建清源山老君岩老子的石刻像，耳朵大得垂到肩膀上。这个也是有根据的。我们中国人老讲"耳朵大有福气"，这种普遍的认识就与老子有关。你看，老子，不仅他的思想和智慧影响了中国，连他的耳朵都影响中国了。

大概这个老子生下来，耳朵比较特别，所以他的父亲就给他取个名字叫"耳"。对李耳的形貌，南朝梁人殷芸在其《小说》一书中有这样的记录：

> 老子始下生，乘白鹿入母胎中。老子为人：黄色美眉，长耳广额，大目疏齿，方口厚唇，耳有三门，鼻有双柱，足蹈五字，手把十文。

张守节据此在《史记正义》中添油加醋地写道：

> 老子……身长八尺八寸，黄色美眉，长耳大目，广额疏齿，方口厚唇，额有三五达理，日角月悬，鼻有双柱，耳有三门，足蹈二五，手把十文。

殷芸这样说就算了，毕竟他是写"小说"，可以虚构。张守节这样做，就不对了，毕竟，他是注史啊。

只能说，老子此人，能量太大，使得靠近他的人，眩晕，乱方寸。

第二个不明白：官职问题。

老子的官职是"周守藏室之史"，什么叫"守藏室"？很多人说是图书馆，实际上那时候不存在什么图书馆，更没有现代公共图书馆，应该是政府档案馆、文献资料室，兼有图书馆的一些职能，如保存历代的图书。他是这里的"史"，相当于馆长、研究员、王朝大事书记员或档案管理员。所以，说"道家出于史官"，是有根据的。

这还不算太大的问题。司马迁写老子传，写着写着，却突然自己疑惑起来："我是在给什么人写传呢？"

一个历史学家给人写传，写到最后，自己眩晕了，不知道在写谁。这可以说匪夷所思了。

司马迁的《史记·老子韩非列传》写到最后，竟然写了三个老子：李耳、老莱子及太史儋。到底哪个才是老子？

司马迁确实没搞清。但是，我们不用太纠结。我有一个简单的方法来解决这个问题，那就是，我们把问题倒过来——

我们不管谁是老子，我们只管谁写了《道德经》。谁写了《道德经》，谁就是老子。

我们不管谁是老子，我们只看谁见了孔子。孔子见的是谁，谁就是老了。

正如历史上的屈原之争，其实也可以这样简化：谁写了《离骚》，谁就是屈原。既然有《离骚》，那就一定有作者。谁是这个作者，谁就是屈原。

于是，老子的出生年月，也就简单了：孔子是公元前551年出生的，老子比孔子至少大一辈，算他公元前600年出生，大孔子近50岁，不算太离谱。

雅思贝尔斯轴心时代的重要时间节点——公元前600年，是和老子的出生年份高度吻合的。

好，说完了老子的"生"，我们再谈谈他的"死"。

关于老子的死，有一个说法：老子其实没有死，而是出走了，出关西去了。

说到老子出走，就要说到一个典故：紫气东来。

这个典故也可用以说明"世界文明"：在那样的时刻，世界的东方，一片祥云升起，为世界带来文明。

关于老子出关的原因，司马迁《史记·老子韩非列传》这样记载：

> 老子修道德，其学以自隐无名为务。居周久之，见周之衰，乃遂去。

翻译成现代语言，就是：老子研究道德学问，他的学说以隐匿行迹、不求闻达为宗旨。他在周的首都住了很久，见周朝衰微了，于是就离开了。

"以自隐无名为务"，这句话有意思。因为，人必须已显行迹，已有名声,才有隐藏行迹、埋没名声这样一层烦恼与需求,否则,历史上漫漫而来又漫漶而去的芸芸众生何其多耶,谁又需要一门专门的学问来泯灭行迹名声?恰恰相反,一般人要的是如何追求名声的学问。只因老子是他那个时代的大名人,所以才有这层烦恼。后来孔子不远数白里赴洛邑求教,话不投机,还要勉强应付,给他带来压力,也可印证他的烦恼。

但他一直郁郁寡欢、高冷孤傲的原因,却不是这层烦恼,而是作为周朝的档案馆馆长,他看多了残酷的历史,又看到了周朝的衰败;并且,作为一个思想家、历史学家,他看到的,还是更深层次的衰败:文化的衰败、哲学的衰败,已经不足以提振和凝聚人心。

于是,他黯然离去。

离开了周,老子去哪里呢?

据说是出关去西域了。

出的关,据说就是函谷关。

函谷关当初大概在今天的河南省灵宝市,后来关口移到了今天的河南省新安县。这里两山对峙,中间有一条小路,因为路在山谷中,既深又险,好像在函子里一样,所以取名为函谷关。

老子出关,一件大事发生了。

按说,离去,是一个结束。没想到,却是一个开始。

是的,老子离去了,但是,老子的时间却由此开始了。

《史记·老子韩非列传》云:

> 至关，关令尹喜曰："子将隐矣，强为我著书。"于是老子乃著书上下篇，言道德之意五千余言而去，莫知其所终。

到了函谷关，关令尹喜对他说："您就要隐居了，勉力为我们写一本书吧。"据说这位关令尹喜是周之大夫，也是一个隐德行仁的高人。一般人是看不到东方天际线上慢慢西移的紫气的，并且也不知道老子的价值——思想的价值。他哪里会要老子著书？他只会要老子麻袋里的盘缠。

老子肯定觉得，碰到专业的了，赖不过呢！于是老子就撰写了一本书，分上、下两篇，共五千多字，阐述了道德的本意，然后离去。从此再没有人知道他的下落。

唐司马贞《史记索隐》引汉刘向《列仙传》说：

> 老子西游，关令尹喜望见有紫气浮关，而老子果乘青牛而过也。

老子出关的时间，大约在 2500 年前，即公元前 500 年左右。反正是在孔子见了他之后。

既然老子要无名自隐，自然也不会打算有什么著作昭示众生。如果没有此时此地此人——关令以不给通关文牒要挟老子著书，《道德经》一书就没有了。

紫气东来的"紫气"，指瑞祥的光气，多附会为圣哲或宝物出现的征兆。老子横空出世在世界东方，给世界带来文明的曙光。

"紫气东来"的典故和成语,其来源就在这里了。

你发现了吗?一件非常有意思的事情发生了:

"出关而去"变成"紫气东来"!

不是去,而是来!

人去了,启示来了!智慧来了!

时间开始了。轴心时代开始了。

"紫气东来""东来紫气",后来都是汉语的成语,用来象征祥瑞的到来。

唐杜甫《秋兴》诗八首之第五首:"蓬莱宫阙对南山,承露金茎霄汉间。西望瑶池降王母,东来紫气满函关……"写大唐鼎盛,就用了这个典故。

清洪昇《长生殿·舞盘》:"紫气东来,瑶池西望,翩翩青鸟庭前降。"也用这个典故写大唐玄宗之时的绚烂之极。

司马迁还说,老子著书而去之后,莫知所终。据说,关令尹喜读到《道德经》,深深地陶醉了,被吸引了。他对老子说:"读了您的著作啊,我再也不想当这个边境官了,我要跟您一起出走了。"老子莞尔一笑,同意了。关令尹喜真的跟着老子出走了,去哪儿了呢?传说就越来越玄了,其中一个说法是:二人"化胡"去了,连释迦牟尼都是他们的学生!

老子的生平,对我们而言,是无始无终的:我们不知道他从哪里来,也不知道他到了哪里去。我们不知他的生,也不知他的死。他自己说"出生入死"(《道德经·第五十章》)。他好像是来自宇宙中某一个星球的高度发达的物种,在我们这个世界的东方落脚，然后，又飞升而去。据说，甘肃临洮的"超然台"，就是他的飞升之所。

后来道教的仙人，都是以"飞升"的方式离开这个星球。难道他们都是一群"来自星星的你"？

2

班固《汉书·艺文志》上，这样说道家的前世今生：

> 道家者流，盖出于史官，历记成败、存亡、祸福、古今之道，然后知秉要执本，清虚以自守，卑弱以自持，此君人南面之术也。

先看"历记成败、存亡、祸福、古今之道"。注意班固这句话里的用词，他一连提到好几组反义词：成败、存亡、祸福、古今，很准确地找到了道家的特征——反义词。反者，返也。反者道之动：成可以变成败，存可以变成亡，祸可以变成福，古也可以回来成为今啊。当然，这一切倒过来也易如反掌：败可为成，亡可为存，福可成祸，今天，你一眨眼，那过去的日子又回来了——今可成古。道家对这样一种自然的变化，非常关注，但也非常无奈。

再看"然后知秉要执本，清虚以自守，卑弱以自持，此君人南面之术也"。班固这个概括又非常准确，"清虚自守"，它不是一种张扬的力量,而是一种内在的、收敛的力量。"卑弱以自持",永远保持弱者的地位,以此立足。道家知道任何一个事物到了它最强盛的时期,就开始转向衰败。"日方中方睨,物方生方死"(《庄子·天下》引惠子语),所以要"卑弱以自持"。中国最大的数不是"十",而是"九"。为什么?到了"十"就往下走了,就走下坡路了。这种思想观念,就是道家的思想,就是老子的观念。

《汉书·艺文志》还说:

> 古之王者,世有史官,君举必书,所以慎言行,昭法式也。左史记言,右史记事。

作为史官的老子,在守藏室里看什么?干什么?他看的是历史,干的是记录历史和整理历史记录的工作。

但是,像他这样有极高思维能力的人,他会总结,会提炼。历史在他那里,总有一天会变成哲学;现象在他那里,总有一天会形成本质;偶然在他那里,总有一天成为必然。

"本质"出来了,"德"就呈现了;"必然"现形了,"道"就显形了。"德""道"显形了,《道德经》(其实就该叫《德道经》)就问世了。

《道德经》,来自历史,来自历史的哲学化。

既然他的《道德经》来自血污斑斑的历史,那么,这样的哲学,就一定有着历史的沧桑,有着对历史和现实的批判与否定。

于是,我们看到,《道德经》有235个"不"字、100(或

98）个"无"字、21个"莫"字、4个"弗"字（不同的版本，这些字有些混用，但不影响整体的否定性词语总数）。

这让我们看到老子的否定性思维方式。

如果说孔子试图建立信仰，那么，老子就是极力破坏信仰。

孔子给了我们一大堆肯定的东西，老子给我们的，几乎都是否定的东西。

孔子塑造世界，而老子却是把世界打碎，给我们一地的碎片。

问题是，这样的一个破坏者，却几乎和孔子一样伟大。

为什么呢？

因为，他的反叛，是一种"创造性反叛"。

我们从他打碎的世界碎片中，看到了世界的本相，看到了我们智力的盲点、道德的弱点、文化的缺点。

并且，这些碎片，还可以重新捏合，构造新的世界图像。

老子，给了中国文化迥异于孔子的景观，给了中国人独特的思维方式和生活方式。

我们知道，我们所认知的世界，乃是语言构建的，用合乎逻辑的语法编织的，所以，要改变我们对于世界的观念，最彻底的办法，就是使用"正言若反"的吊诡语言，一方面彻底摧毁原有的世界秩序，一方面重建自己的知觉世界。老子在这方面，是真正的大师。

"吊诡"一词，起源于《庄子·齐物论》："丘也与汝皆梦也，予谓汝梦亦梦也。是其言也，其名为吊诡。"唐朝陆德明《经典释文》说："吊，如字，又音的，至也；诡，异也。"庄子所说的"吊诡",其实是一种悖论。

简单地说,"正言若反",就是一种"反的逻辑":

> 逻辑命题公式:A 是 A;或 A 非"非 A"。
> "反的逻辑"的命题公式:A 是"非 A"

我们看看《道德经》中这样的句子:

> 大白若辱,大方无隅,大器晚成,大音希声,大象无形。(《道德经·第四十一章》)

至大之白能并存污点,至大之面无有边界,至大之器无有终成,至大之象无有其形。"大音希声",哦!至大的声音你就听不见了。什么叫希?听了,听不见,就叫"希"。老子说:"听之不闻名曰希。"(《道德经·第十四章》)人耳能够听到的声音的频率是 20Hz—20000Hz,在这之外的声音,人就听不见了。晋代的陶渊明,蓄"无弦琴"一张,他喝醉酒以后,就坐在那里弹。没有弦,弹什么呀?你没有听见,可是他听见了。这就是老子的启示:启示他听希声的大音。

还有类似的句子:

> 大成若缺……大盈若冲……大直若屈,大巧若拙,大辩若讷。(《道德经·第四十五章》)

后来，我们都会学着老子的腔调，说出很多富有哲理的话了：大辩不言、大奸似忠、大智若愚等等。甚至，我们还能说：大忠似奸、大愚若智。在老子的启发下，我们都有了哲学头脑。这种思维的基本特征就是：辩证思维。

是的，老子的这种"正言若反"的思维和表述方式，促成了辩证思想的产生：

> 曲则全，枉则直，洼则盈，敝则新，少则得，多则惑，是以圣人抱一为天下式。不自见（现），故明；不自是，故彰；不自伐，故有功；不自矜，故长。夫唯不争，故天下莫能与之争。（《道德经·第二十二章》）

> 自见（现）者不明，自是者不彰，自伐者无功，自矜者不长。（《道德经·第二十四章》）

> 知人者智，自知者明。胜人者有力，自胜者强。（《道德经·第三十三章》）

> 人之所恶，唯孤、寡、不穀，而王公以为称。故物或损之而益，或益之而损。（《道德经·第四十二章》）

> 受国之垢，是谓社稷主；受国不祥，是谓天下王。（《道

德经·第七十八章》）

老子的这种辩证思维，就是产生于他对历史和现实的极大怀疑。当我们能看到事物的正反两面时，就是辩证思想的产生之时。

3

道家思想中有明显的反智反文明倾向，也与老子有关。

庄子曾经讲过这么一个故事：

> 子贡南游于楚，反于晋，过汉阴，见一丈人方将为圃畦，凿隧而入井，抱瓮而出灌，搰搰然用力甚多而见功寡。子贡曰："有械于此，一日浸百畦，用力甚寡而见功多，夫子不欲乎？"为圃者卬而视之曰："奈何？"曰："凿木为机，后重前轻，挈水若抽，数如泆汤，其名为槔。"为圃者忿然作色而笑曰："吾闻之吾师，有机械者必有机事，有机事者必有机心。机心存于胸中，则纯白不备；纯白不备，则神生不定；神生不定者，道之所不载也。吾非不知，羞而不为也。"子贡瞒然惭，俯而不对。
>
> 有间，为圃者曰："子奚为者邪？"曰："孔丘之徒也。"为圃者曰："子非夫博学以拟圣，於于以盖众，独弦哀歌以卖名声于天下者乎？汝方将忘汝神气，堕汝形骸，而庶几乎！

而身之不能治，而何暇治天下乎！子往矣，无乏吾事。"(《庄子·天地》)

北方的子贡到南边的楚国游历，返回时经过晋国，到达汉水南边时，见一老丈正在菜园里收拾菜圃，他打了一条地道直通泉水，然后抱着水瓮下去汲水，再抱上来浇水灌地，吃力地上上下下，用力甚多而功效甚少。子贡见了说："如今有一种机械，每天可以浇灌上百个菜畦，用力很少而功效颇多，老先生你不想试试吗？"种菜的老人抬起头来看着子贡说："应该怎么做呢？"子贡说："用木料做一种机械，后面重而前面轻，提水如同吸水，快速犹如沸腾的水向外溢出一样，它的名字叫作桔槔。"种菜的老人忿然变了脸色，讥笑道："我从我的老师那里听到这样的话，有了机巧的工具必定会出现机巧之事，有了机巧之事必定会出现机巧之心。机巧之心存留在胸中，那么不曾受到世俗沾染的纯洁空明的心境就不完整齐备；纯洁空明的心境不完整齐备，精神就不会专一安定；精神不能专一安定的人，大道也就不会充实他的心田。我不是不知道你所说的办法，只不过感到羞耻而不愿那样做呀。"

子贡满面羞愧，低下头去，不能作答。

隔了一会儿，种菜的老人说："你是干什么的呀？"子贡说："我是孔丘的学生。"种菜的老人说："你不就是那具有广博学识并处处仿效圣人，夸诞矜持盖过众人，自唱自和哀叹世事之歌以周游天下卖弄名声的人吗？我告诉你，你抛弃你的精神和志气，废置你的身形体骸，恐怕才可以逐步接近于道吧！你自身都不善于修养和调理，哪里还有闲暇去治理天下呢！你走吧，不要在这里耽误我的事情！"

庄子编这个故事，就是要通过反孔子来反文明，反制度，值得注意的是，孔子的学生中，庄子随手拈来一起加以嘲弄的，是最聪明机变的子贡，而不是心思耿直的子路，也不是颇有道家风范的颜回。这是学术上的"定点清除"。

> 大道废，有仁义；智慧出，有大伪；六亲不和，有孝慈；国家昏乱，有忠臣。（《道德经·第十八章》）

> 绝圣弃智，民利百倍；绝仁弃义，民复孝慈；绝巧弃利，盗贼无有。（《道德经·第十九章》）

这是道家反智思想的最经典的表述。显然，老子看到，随着人类知识的进步，人类传统道德渐趋崩溃。智力的发达往往与人性中的淳朴善良的丧失同步。生产力的进步、物质的积累，仅仅满足了人类动物性的肉体欲望，而不能促进人性的真善美。从某种角度来看，道德确实好像更适宜于在艰苦与匮乏中培养与体现。正如庄子观察到的，即便是鱼，在泉水干涸时，也会"相呴以湿，相濡以沫"，而一旦泉水充足，则往往"相忘于江湖"。（《庄子·大宗师》）

类似反智乃至被称为"愚民"的言论，还有下面这些：

> 古之善为道者，非以明民，将以愚之。民之难治，以其智多。故以智治国，国之贼；不以智治国，国之福。（《道德经·第六十五章》）

不过"故以智治国，国之贼；不以智治国，国之福"，则显然是指统治者应该少一点政治手腕，少一点政治策略——想想后来法家的那些"制民"手段，看到老子这样的话，还是很温暖的。

至于远古常见的杀人政治，老子更是深恶痛绝并予以诅咒：

> 民不畏死，奈何以死惧之？若使民常畏死，而为奇者，吾得执而杀之，孰敢？常有司杀者杀，夫代司杀者杀，是谓代大匠斫。夫代大匠斫者，希有不伤其手矣！（《道德经·第七十四章》）

不知道祖述老子的韩非，为什么偏偏把老子这样的告诫忘了。

老子认为人是自足的，不需要有什么另外的人来管制。只要你给他自由，他就会自然——自然，在老子那里，是"自我实现"的意思：

> 故道大，天大，地大，人亦大。域中有四大，而人居其一焉。人法地，地法天，天法道，道法自然。（《道德经·第二十五章》）

人的法则是地，地的法则是天，天的法则是道，道的法则是自在的，自足的。人被地规定圈定，地被天规定覆盖，天被道规定引领，道被自然法则主宰。人取法地，地取法天，天取法道。道，是万法之法；道，就是法则自身。

"自然"一词，《道德经》中出现了四次，其中都有独立自由之意，如：

太上，不知有之；其次，亲而誉之；其次，畏之；其次，侮之。信不足焉，有不信焉。

悠兮其贵言。功成事遂，百姓皆谓："我自然。"（《道德经·第十七章》）

在老子看来，好的政治和好的社会，就是让自然人自我实现，而不是戕残人性去塑造他们。政府的职责，不是要做什么，而是不做什么。治国的关键不在于我们殚精竭虑地去做什么，而是只要我们把现在正干的事停下来，什么也不做就是了：

不尚贤，使民不争；不贵难得之货，使民不为盗；不见可欲，使民心不乱。是以圣人之治，虚其心实其腹，弱其志强其骨。常使民无知无欲，使夫智者不敢为也。为无为则无不为。（《道德经·第三章》）

一口气说出八个"不"字，四个"无"字，听起来就是摇头摆手避之犹恐不及，这是对当时社会从经济基础到上层建筑的全盘否定。

所以，老子的政治，不是做加法，而是做减法，这实在是中国古代最高明的政治理念。儒家其实也是这样的思想，儒家经典《尚书·武成》曰："惇信明义，崇德报功，垂拱而天下治。"《周易·系辞下》说黄帝尧舜"垂衣裳而天下治"。孔子说："无为而治者，其舜也与？夫何为哉？恭己正南面而已矣。"（《论语·卫灵公》）都是讲的民众自治。质言之，"礼制"就是无为而治，"为国以礼"就是民众自治。中国古代，政治而有了"梦想"，那是法家出现时；法家的梦想，就是"富国强兵"，然后折腾国民。而儒道两家，其实都是要求政治不折腾，无为而治，礼乐教化，最后"老者安之，朋友信之，少者怀之"（《论语·公冶长》）。

所以，老子反政治，就是反对一切人为的治理，他要的是自然之治、无为而治，是否定形式的"治"。

> 故圣人云："我无为，而民自化；我好静，而民自正；我无事，而民自富；我无欲，而民自朴。"（《道德经·第五十七章》）

> 其政闷闷，其民淳淳；其政察察，其民缺缺。（《道德经·第五十八章》）

> 治人事天，莫若啬。（《道德经·第五十九章》）

不受体制制约,没有社会约束,推到极点,就是没有社会关系,只有自然关系,这就是"小国寡民"了:

> 小国寡民,使有什佰之器而不用,使民重死而不远徙。虽有舟舆,无所乘之;虽有甲兵,无所陈之;使民复结绳而用之。甘其食,美其服,安其居,乐其俗。邻国相望,鸡犬之声相闻,民至老死不相往来。(《道德经·第八十章》)

国小,民少,这是老子对他心目中的理想国所给定的规模。实际上,这里的"国",已经不是那个通常意义上的"国",而只是一些原始的自然村落与集镇。

实际上,以老庄为代表的道家,更关注的是:个体在这个处处充满险诈陷阱的世界上如何自处?他们的人生哲学比他们的政治学说更有影响力。关于人生,老子有一个"人生三宝":

> 我有三宝,持而保之:一曰慈,二曰俭,三曰不敢为天下先。(《道德经·第六十七章》)

第一宝:慈。对他人,就是慈爱;对自己,就是保重;对世界,就是悲悯。所以"慈"包含三"重"：珍重、保重、承重，即珍重他人，保重自己，承重世界——庄子讲"为善无近名，为恶无近刑"，就是对自己的"慈"；《韩非子·解老》曰："慈于子者不敢绝衣食，慈于身者不敢离法度，慈于方圆者不敢舍规矩"，讲得更加全面。

第二宝：俭。是节俭，是简单，是节制：

> 祸莫大于不知足，咎莫大于欲得。故知足之足，常足矣。（《道德经·第四十六章》）

孔子的个性，"温良恭俭让"，就有一个俭。"俭"，也是"约"，即约束、节制：

> 子曰："以约失之者，鲜矣。"（《论语·里仁》）

中国文化中的知足常乐思想，就是老子教导我们的：

> 持而盈之，不如其已；揣而锐之，不可长保。金玉满堂，莫之能守；富贵而骄，自遗其咎。功遂身退，天之道也。（《道德经·第九章》）

第三宝："不敢为天下先"。注意，老子讲的是"不敢"，而不是"不愿"。为什么要"不敢"呢？因为：

勇于敢则杀，勇于不敢则活。(《道德经·第七十三章》)

"勇于敢"是个人的优质品性，但导致优质品性的人常常被杀戮的，那正是"强梁者不得其死"(《道德经·第四十二章》)的社会。

西汉刘向《说苑·敬慎》中有这样一个有关老子的故事：

常摐(chuāng)①有疾，老子往问焉，曰："先生疾甚矣，无遗教可以语诸弟子者乎？"常摐曰："子虽不问，吾将语子。"常摐曰："过故乡而下车，子知之乎？"老子曰："过故乡而下车，非谓其不忘故耶？"常摐曰："嘻，是已。"常摐曰："过乔木而趋，子知之乎？"老子曰："过乔木而趋，非谓其敬老耶？"常摐曰："嘻，是已。"张其口而示老子曰："吾舌存乎？"老子曰："然。""吾齿存乎？"老子曰："亡。"常摐曰："子知之乎？"老子曰："夫舌之存也，岂非以其柔耶？齿之亡也，岂非以其刚耶？"常摐曰："嘻，是已。天下之事已尽矣，无以复语子哉！"

不光舌头因其柔弱而长存，自然界和社会更是普遍可以观察到"柔弱胜刚强"的现实：

---

① 常摐，即商容，纣王时大夫，因直谏被贬。

人之生也柔弱，其死也坚强；草木之生也柔脆，其死也枯槁。故曰坚强者死之徒，柔弱者生之徒。是以兵强则灭，木强则折。强大处下，柔弱处上。（《道德经·第七十六章》）

而天下最柔弱的事物，莫过于水：

天下莫柔弱于水，而攻坚强者莫之能胜，以其无以易之也。弱之胜强，柔之胜刚，天下莫不知，莫能行。（《道德经·第七十八章》）

天下还有比水更柔弱的吗？还有比水更随和而没有个性的吗？随物赋形，是其温柔，是其卑弱，但攻坚胜强，舍水其谁！它以"天下之至柔，驰骋天下之至坚"（《道德经·第四十三章》）。这是最能体现老子思想的言论。

而老子本人及其思想，其实也以其阴柔软弱之态，显示出柔韧不绝的力量。老子曾经感叹：

吾言甚易知，甚易行。天下莫能知，莫能行。……知我者希，则我者贵。是以圣人被褐而怀玉。（《道德经·第七十章》）

其实，他死后并不寂寞，以他为代表和发源的"老庄哲学"和儒家的"孔孟之道"并驾齐驱，二者互补成为中国文化的阴阳两极。而他的"五千精要"也被看作至高无上的东方智慧。他看待世界的方式，成为中国人的世界观的一部分；他的思维方式，成为中国人认知世界的一种重要方法；他的个性也成为中国民族性格的重要特征之一。

前面我们提到的司马迁的父亲司马谈，纵论六家，指点圣贤，各有褒贬，大气磅礴。但是，有着黄老思想的他，对以老子为代表的道家思想给予了全面的肯定。他在《论六家要旨》中这样评述老子的道家：

> 道家无为，又曰无不为，其实易行，其辞难知。其术以虚无为本，以因循为用。无成势，无常形，故能究万物之情。不为物先，不为物后，故能为万物主。有法无法，因时为业；有度无度，因物与合。故曰："圣人不朽，时变是守。"

....

司马谈眼中的圣人，不是孔子，而是老子。他的儿子司马迁不仅把老子写成孔子之师，还借孔子之口，称服老子为"龙"。在中国人的观念里，孔子是"凤"，老子是"龙"。绝代双圣，龙凤呈祥，共同成为中国人的祥瑞。紫气东来，不仅是中国人的福气，还是世界的吉祥。

二 杏坛弦歌：中国之教

孔子游乎缁帷之林,休坐乎杏坛之上。弟子读书,孔子弦歌鼓琴。奏曲未半,有渔父者,下船而来,须眉交白,被发揄袂,行原以上,距陆而止,左手据膝,右手持颐以听。

——《庄子·渔父》

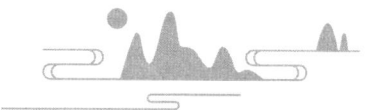

1

老子出关走了,后来的孔子也曾经有这样的去意。他曾经感叹:"道不行,乘桴浮于海。"(《论语·公冶长》)一个西去流沙,一个东浮大波。当然,孔子毕竟坚持"吾非斯人之徒与而谁与"(《论语·微子》),留恋人间,不舍大众,最终没有成行,他只是离开了鲁国,周游列国,做"避人之士"(《论语·微子》)而绝不避世。甚至,老了以后,孔子还是回到鲁国,整理六经。他整理六经、著述《春秋》,也是老子著述《道德经》的意思,用文字来走进未来的时代。

其实,在老子被尹喜强迫留下五千言之前,孔子也曾用他的方式纠缠过他,让他留下教诲。

《史记·老子韩非列传》有这样一则动人的故事:

> 孔子适周,将问礼于老子。老子曰:"……吾闻之,良贾深藏若虚,君子盛德,容貌若愚。去子之骄气与多欲,态

色与淫志,是皆无益于子身。"

此刻的老子,估计应该八十多岁,孔子才三十四岁。面对这样一个血气方刚的后生,老子不动声色地点出两个字:藏和愚。

其实,愚就是藏。把智慧藏起来,示人以愚,大智若愚。这就是老子的基本处世之道。反过来,我们可以想象得到:三十而立之后的孔子,是何等意气风发,斗志昂扬!是何等志向远大,理想崇高!是何等意志坚定,自信自负!他此刻最需要的,就是收敛和藏蓄,是心性的稳定质朴。

严格地说,此时的老子,是体制中人,而孔子,则是身处江湖的。孔子以后,诸子百家,都是江湖学派,来自私学。所以,和老子做着国家档案馆馆长,深居简出,言简意赅,要言不烦不同,孔子的世界,是开放的空间,洒满明媚的阳光。他独上高楼,望尽天涯路。我们来看看孔子生活的场景,与老子的那个阴暗的档案馆,是何等不同:

> 孔子游乎缁帷之林,休坐乎杏坛之上。弟子读书,孔子弦歌鼓琴。奏曲未半,有渔父者,下船而来,须眉交白,被发揄袂,行原以上,距陆而止,左手据膝,右手持颐以听。(《庄子·渔父》)

庭院深深的档案馆和风高日丽的杏边高地,这是体制与江湖的绝佳象征。现在的曲阜孔庙里,即有一个杏坛赫然矗立。不明白历史的人,还以为当初孔子教学,就是这么一个场所,就有这么一个场所。

但细揣庄子之意,他笔下的"杏坛",乃是孔子带着弟子从茂密浓郁的森林中走出,恰好碰到的一个水边高阜,上有一树杏花正艳。于是,他们就此停住,弹琴读书。此地既是渔父打鱼之地、谋生之所,又是隐居之处,那里芦苇丰茂,绝无可能在鲁国都城之内。也就是说,"杏坛"本来就只是庄子随口诌出的一个词,绝无可能是孔子专门讲学之所,则今天孔庙里的杏坛,就只能是后人望文生"物"而造出来的。顾炎武说:

> 《庄子》书凡述孔子,皆是寓言,渔父不必有其人,杏坛不必有其地。即有之,亦在水上苇间、依陂旁渚之地,不在鲁国之中也明矣。(《日知录》)

但是,一个道家人物随口诌出的词,为什么能够被坐实?一个虚构的寓言,又何以竟然成为历史?

其原因非常简单:这个寓言,不是生活的真实,但有着本质上的真实;不是物理上的真实,却是精神上的真实——它确实是孔子日常教学生涯的高度概括。而这样的开放、开阔、阳光明媚而春意盎然的物理空间,正是孔子和煦明媚的心理和思想空间的直接外化,与老子那个充满霉变气味和历代亡灵的守藏室的物理空间以及老子本人阴郁高冷的心理和思想空间,形成鲜明对照。老子是肩负文化传承使命的史官,却心灰意冷,意兴阑珊,不仅放弃责任一走了之，走之时，连一句话都不想留下；孔子却以一个江湖人士的身份，挑起了这个为往圣继绝学的使命，官方不给教席，他就私人办学，而且终生以之，诲人不倦，不知老之将至。

老子的精神状态是过去时代的，有老贵族百年老宅子的阴暗气息，代表着王官之学的深沉与颓唐；而孔子的精神，则是新时代的，代表着私学的兴起，有新一代的开阔与敞亮，生意盎然。他在唤醒这个民族，唤醒这个民族的一代新人，他在孕育一个百家争鸣的新时代。

庄子为他题名的"杏坛"，后来甚至成了教育行业、教育界的一个代名词。

晚年的孔子，曾经这样概述自己的一生：

> 子曰："吾十有五而志于学，三十而立，四十而不惑，五十而知天命，六十而耳顺，七十而从心所欲，不逾矩。"（《论语·为政》）

十五岁开始志学，此后的三十、四十、五十、六十、七十岁，都是"学"，可谓"学而不厌"，"不知老之将至"（《论语·述而》）。但这个"学"，还真不是自家一人之学，不是"自了汉"之学，而是普度众生之学，是以学度人。"志于学"云云，乃立志于追求学，立志于传承学，并立志于弘扬学，而后顺理成章建立自家之学。所以，"学而不厌"之外，另有一个"诲人不倦"（《论语·述而》），这才是孔子"志于学"的比较全面的意思。

"学而不厌"的结果,我们看到了:十年一个阶段,每一阶段都有所立,到了七十岁,"从心所欲而不逾矩",进入人生化境。

而"诲人不倦",则使得孔子创立了人类有史以来的第一所私立大学。

②

礼乐文化的崩溃,直接导致了周王朝政治秩序的破坏。所谓"天下有道,则礼乐征伐自天子出;天下无道,则礼乐征伐自诸侯出"(《论语·季氏》)。所以,孔子对自己所处的时代持批判态度。对时代持批判态度,对于一个从事教育的人来说,是非常重要的不可或缺的素质——赋予受教育者一种批判精神,是教育的基本责任和目标。

从西周一直到孔子的时代,一大批贵族子弟已落到社会底层,士阶层空前扩大。这些"士"需要一条上升的通道,也需要有就业的能力。一方面,当时的贵族自身的礼乐修养往往很差,正好需要一批专业人士给他们做礼仪方面的指导,比如孔子的学生公西华,曾表明自己的志向是"宗庙之事,如会同,端章甫,愿为小相焉"(《论语·先进》);另一方面,士也需要有相应的专业知识,以获得相应的社会地位。在此情况下,礼乐文化的教育就变得非常迫切,孔子的私学,就是在这个大的需求背景下出现的。

不过,这个"士阶层"只是一个身份意义上的概念,西周的贵族包括天子、诸侯、大夫、士四个阶层。这和孔子以后的作为知识分子的"士"是两个不同的概念。孔子以前的"士"是"志于仕"的士,而孔子培养的是"志于学""志于道"的"士"。

作为伟大的圣人,孔子的教育理想不会仅仅为了完成对"士"的就业教育,孔子开创私学教育的立足点和价值,我们还可以从下面两个概念来看:

在中国的政治观念中,有两个词:"王道"和"霸道"。王道,指的是:在"王的时代",道是由王来承担的。尧、舜、禹、汤、周文王、周武王、周公,这些人都是王,也都是孔子所尊崇的。这些王承担着道,所以叫王道。自周朝进入东周后,王衰弱了,历史进入"霸的时代",道义在一段时间里由"霸"来承担,这就是所谓的霸道。无论是在"王的时代",还是在"霸的时代",道都有承担者,道并没有失落。可是到了孔子的时代,王没有了,霸也没有了。孔子对晋文公的评价是"谲而不正"(《论语·宪问》),诡诈而不正派,就是说晋文公所行的已经不是正道了。

所以,孔子看到了一个更大的问题——社会的失序。而社会的失序,是因为天地之道、人间正道缺少了担当者、承载者。

作为一位伟大的教育家,孔子认为教育的重要使命就是传承文化、弘扬道义。他需要找到一个新的承载道义的阶层。在内心里,孔子是把自己作为道的承担者的。他曾说:"文王既没,文不在兹乎?"(《论语·子罕》)周文王已经死了,周代的文化遗产不都是在我这里吗?"文不在兹乎"的"文"就是"道"。可能

二 杏坛弦歌：中国之教

也正是因为孔子自己是个士，并且他认为自己是继承文王之道的人，所以他充分地意识到了今天不是王的时代，不是霸的时代，而是士的时代，当下的道，不在王，不在霸，而在士了。这就是"士道"。孔子对此的表述是"士志于道"（《论语·里仁》）——士立志于担起道义的担子了。

孔子来了，"士的时代"来了。

所以，孔子做教育，目标在于培养一批道义的承担者。孔子最终是想通过教育，赋予当时最落魄潦倒的一个阶层以新的历史使命，通过承担这一历史使命，让这个阶层重新焕发出自己的内在生命力。他后来果然开创了一个士的时代，那就是百家争鸣的时代。

经过孔子改造以后的士，已经不再是以前的身份意义上的士了；孔子改造以后的儒，也不是以前的儒了。以前的儒是被人瞧不起的。孔子同时代的晏婴，就曾在齐景公面前用很瞧不起的口气谈论过这样的儒；甚至稍后于孔子的墨子还在用很轻蔑的口气讽刺过这样的儒，他们认为这些儒都是无聊而没用的。应该说他们谈的都是当时的事实。孔子也看到了这个事实，但是孔子更看到了儒的未来、士的未来。

孔子把士从患得患失的"志于仕"的状态下解脱出来，给他们一个新的人生价值定位："志于学"，"志于道"。孔子为什么要弟子们成为君子？孔子为什么要弟子们成为"大人"？为什么孔子的学被称为"大学"？这都是在传递一个信号：文化人格的养成和文化使命的承担，是受教育者的天职。孔子弟子中具有这种天职意识的，最典型的有四人：颜回、子贡、子路和曾参。

颜回作为孔子最欣赏的弟子，他对道的孜孜以求，对出仕的坚决弃绝，他"一箪食，一瓢饮，在陋巷，人不堪其忧，回也不改其乐"（《论语·雍也》）的安贫乐道，都是这种新型人格的体现。

子贡和子路都曾问过孔子同样的问题："何如斯可谓之士矣？"（《论语·子路》）如何才算得上士？"士"作为一个概念，其内容本来是不需要问的，因为几百年来按照天子、诸侯、大夫、士这样的次序，各阶层本来都有确定内涵。但是子贡和子路都问了这样一个问题：一个人怎么样才能称为士？显然，他们意识到：在孔子心目中，士不再只是从祖先那里继承下来的一种身份，一定还要具备某种素质、某种社会功能，担当某种社会责任，如此，才可以叫作士。所以，他们的这个问，比孔子怎么回答更重要，因为它暗示我们，什么是士或具备何种品格和功能、担当何种责任才能成为士，竟然成了一个问题。这就说明，子贡和子路意识到了孔子试图赋予士以新的内涵，而他们也想着让自己获得这种新素质。

事实上，孔子把士的传统定义完全推翻了。"士志于道"就是他赋予士的新内涵。孔子的另一个弟子曾参，后来对士作出了最经典的概括："士不可以不弘毅，任重而道远。仁以为己任，不亦重乎？死而后已，不亦远乎？"（《论语·泰伯》）

3

孔子的教育是非常成功的教育。其成功可从如下层面认识：

首先，孔子有直接的教育成果。

据说，孔子弟子三千。据《史记》记载，这三千弟子中，有七十二或七十七个身通六艺者。六艺是那个时代的知识总和及整体框架，身通六艺就是掌握了那个时代的整体知识和文化。这七十多人里，还有所谓的"孔门四科十哲"。可见孔子教育的巨大成功。他的学生人数和这些学生所影响到的人数，在当时的总人口数中占了相当高的比例。可以说，孔子以他个人的力量提升了整个民族的精神境界，拓展了一个民族的知识边界。这是孔子办学的巨大成功。

其次，孔子以他一个人的力量，把一种伟大的文化传承了下来。孔子曾说自己是"述而不作，信而好古"（《论语·述而》）。孔子身处一个伟大朝代的末世，这个末世不仅现实政治是混乱的，伟大的传统文化也在散失和被遗忘中。孔子创立的私学及其模式，对于整理、提炼和传承古代文化起到了关键性的作用。因为私学提供了人力上的条件，孔子本人及其杰出的学生们，花费了大量的时间来从事这样崇高而艰辛的工作，古代文化的整理和传承因为私学而获得了学术上、经济上、组织上的保障。

第三，孔子的学生，绝大多数人也选择了孔子的生活方式和教育模式。这说明孔子的教育模式是成功的，可以复制，而他的大多数学生的这种选择，更促成了之后诸子百家的大量涌现，开创了百家争鸣的局面。孔子以后的诸子，不光是儒家，还有墨家、法家、道家、名家……他们学问的源头都可以追溯到孔子。可以说，孔子是诸子之源，是百家争鸣局面的开创者。

第四，孔子开创了中国的教育模式。孔子的教育模式因为极具魅力和便利性，所以为很多后来的人所仿效。后来的人中，不光是孔子的弟子曾子、子夏都有授徒，再往后，墨子、孟子、庄子、荀子等全都是私学老师。自汉朝至民国之初，支撑中国传统文化教育的基本传承形式，乃至于民间百工的手艺传承，无不受孔子教育形式的影响。在这种简捷、便利、低成本的教育模式下，文明得以传承，文化得以弘扬。这种教育模式所培养的人才，无论是高水平的国家管理者，还是民间的硕儒大德，都代不乏人。

中国古代的乡村教育，来自孔子的私学模式。得益于这种模式的便捷和低成本，中国在两千多年里实现了乡村的自我教育功能。中国广袤的乡村，自孔子以来，其教育就依赖于乡间的学究秀才，一个乡村的老秀才，就可以把一个乡村的教育担当起来。乡间的硕儒大德也因此层出不穷，为国家提供源源不竭的人才。在中国古代的乡村，这种自我教育功能的实现，就是建立在低成本的基础上。由于中国古代的乡村可以实现自我教育，因此中国古代的科举考试中涌现出了一批批一流的来自乡村的人才。比如宋仁宗朝的范仲淹、欧阳修、王安石、"三苏"、司马光，几乎都是乡村教育的硕果；近代的钱穆、胡适、巴金、钱锺书，他们最初的教育都是在乡村的私塾甚至家塾中完成的；鲁迅就读的三味书屋，就是乡村的私塾教育，不是政府办的学校。这种教育，不依赖于国家投入，不需要耗费国家庞大的行政资源，不需要组建庞大的国家教育体系，就可以完成国民的基本人格教育和文化传承。这种人才培养和选拔模式，就如同政府只需要收获，而不需要投入和耕耘。这种私学模式甚至可以在某种程度上实现教育的独立性——办学的独立性、教师思想的独立性，以及教学实践的灵活性和探索性。

第五，值得一提的是，在《论语》等记录孔子教学生涯的典籍中呈现出来的、孔子师生往还的魅力，吸引了更多的学者用这种模式来实现个人生活的诗意。再加上传统社会对老师的尊重，即师道尊严、天地君亲师等价值观，更多的学者选择从事教育，更多的人愿意做老师。孟子讲人生的三大快乐，其中有一个叫"得天下英才而教育之"（《孟子·尽心上》）。这就是孟子从孔子的教育模式中，看到了一种特别具有魅力的生活方式。其实，从历史上看，孔子以后，几乎所有的中国学者，都非常希望像孔子那样成为一个生徒环绕的老师，都有传授门徒、衣钵相授的爱好。中国后来成了世界上文化教育最发达的国家，其中的缘由，并非是由于政府的资金投入，甚至不是由于教育行业的有利可图，而是由于这种读经教育自身的魅力——它形成一个高尚生活、智力生活、受尊重生活的场所，它吸引了更多学者投入精力和兴趣，这比政府资金等物质资源的投入更重要，更本质。

第六，孔子的教育模式为后来中国的科举制度奠定了基础。科考的目的是通过科考选拔国家的管理人才，而国家管理者最重要、最必要的能力是对经典的熟悉和运用，以及由此而获得的价值观和价值判断力。所以，孔子的"大学"及其配套的经典的学习，就成了后来科举考试的主要内容。而孔子教育方式的低成本、易普及，正好为科举考试准备了海量的考生基础——考生甚至来自最偏僻的乡下。这就为国家在最大范围内选拔人才创造了前提，为政府官僚机构提供了源源不断的新鲜血液，有效地防止了官僚机构的僵化、固化和老化。

第七，乡村自我教育和国家科举考试的有机结合，保证了中国在每个时代都可以让贫寒的人有上升的通道，让上层社会有更换新鲜血液的可能性。所谓"朝为田舍郎，暮登天子堂"（宋朝汪洙《神童诗》），实现了上层社会和下层社会的有机对接，使社会各阶层没有固化。这也正是科举制度的了不起之处，它源源不断地保证上层社会和下层社会的互相流动。这样的流动，极为有效地防止了豪杰之士因为没有出头之日而铤而走险，避免了更多的社会动荡。黄巢和洪秀全的例子，从反面证明了让豪杰之士能够进入体制实现人生追求的重要性。《水浒传》中的宋江，则是一个正反面都很典型的例子：在他没有体制内升迁希望的时候（他失去了科考的资格），他造反，啸聚江湖；但是，一旦允许被招安，进入体制，他瞬间成为朝廷的力量。

最后，还有一点值得特别提出来，那就是，孔子的教育在汉代以后逐渐演变为国家的"教化"，这种以道德伦理为基本内容的"教化"，不仅成了"文化"的可见形式和有效形式，还兼具了宗教的功能，成为国家意识形态和民众信仰的基本来源。其实，孔子创立的儒家学派，不仅是一个思想流派，不仅是一个哲学流派,更重要的是一个信仰体系,这才是儒家的本质性内涵。孔子终生所做的,都是教化。他没有创立教派,他创立了学派,他教化民众的方式,不是"宗教",而是"文教"。但是,他的文教,其功能正如同西方"宗教"在社会中的功能,也正因为如此,有学者就认为,儒家其实也就是"儒教",并且,还有学者提出建立"儒教"以整合民族信仰体系的想法。

孔子私学教育的最原始记录,就是《论语》。这是子书时代最伟大的著作,也是由子书上升为经典的第一本著作。从这个意义上说,《论语》的地位超越了《道德经》。《道德经》虽然称之为"经",却并没有进入古代中国国家经典的大名单。

"天不生仲尼,万古如长夜。"朱熹《朱子语类》记下了这句话,并在后面有一句说明:"唐子西尝于一邮亭梁间见此语。"唐子西,就是唐庚,字子西,北宋人。《唐子西文录》记载:"蜀道馆舍壁间题一联云:'天不生仲尼,万古如长夜。'不知何人诗也。"

老子走了,孔子来了。

老子因失望而离去,孔子为拯救而到来。

老子是史前史的后记,充满叹息和诅咒。

孔子是新纪元的序言,充满期待和勉励。

《道德经》作为历史的总结,智慧高超,冷静到冷酷。

《论语》作为新历史的开篇,仁德蔼然,热心到热切。

老子留给我们巨大黝黑的背影,孔子展露给我们宽广明亮的前额。

由于《道德经》的高度抽象和理性,很多人认为,相较于孔子,老子代表了更高的哲学质性。但是，我的看法是，在老子身上，我们能看到他的时代、他的生活，乃至他的职业给予他的影响——无论是他的思想、思想方法，还是他的个性。也就是说，他是时代的产物，是历史的产物。

后来者中，连孟子这样至大至刚的人，都被时代带坏了脾气；庄子这样超凡脱俗之人，都被现实沾染了刻薄。

但是，孔子不一样。在孔子身上，我们看不到历史、时代、时代中的那些人，以及他自身生活遭际在他身上的痕迹，虽然的他的思想资源来自他的时代以及历史，他的思想目的也顾及和照应他的时代；但是，时代没有扭转他的思想方向，更没有影响他的个性。颠倒的世界扭曲了老子的世界观，但混乱的时代没有影响孔子的清澈，嘈杂的现实没有影响孔子的静穆，复杂的世道没有改变孔子的单纯，机变的政治没有戕害孔子的自然——显然，正如孔子自己所说："不曰坚乎，磨而不磷；不曰白乎，涅而不缁。"（《论语·阳货》）这样的人，显然是一种更加纯粹的天纵之圣，不可被磨损，不会被玷污。老子讲的"毒虫不螫，猛兽不据，攫鸟不搏"（《道德经·第五十五章》）之赤子，惟孔子可以当之。

历史和时代创造了老子、孟子、庄子。

而孔子则创造了历史和时代。

三 楚王攻宋：中国人的爱与正义

公输盘为楚造云梯之械,成,将以攻宋。子墨子闻之,起于齐,行十日十夜而至于郢……

——《墨子·公输》

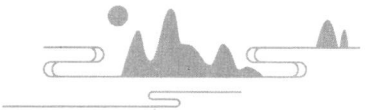

1

儒家非常强调家族共同体,其实周朝就是一个大家族。周朝分封之时,就是要建立一个家族天下。"立七十一国,姬姓独居五十三人"(《荀子·儒效》),"武王克商,光有天下,其兄弟之国者十有五人,姬姓之国者四十人,皆举亲也"(《左传·昭公二十八年》)。直到春秋之际,孔子还要"兴灭国,继绝世,举逸民"(《论语·尧曰》),孔子还说:"君子笃于亲,则民兴于仁;故旧不遗,则民不偷。"(《论语·泰伯》)而孟子则说:"所谓故国者,非谓有乔木之谓也,有世臣之谓也。"(《孟子·梁惠王下》)所以儒家强调"亲亲",来自周朝立国的遗传密码,这是礼制的基础。《毛诗·小雅·伐木序》曰:"亲亲以睦友,友贤不弃,不遗故旧,则民德归厚矣。"孔颖达疏:"既能内亲其亲以使和睦,又能外友其贤而不弃,不遗忘久故之恩旧而燕乐之。"《孟子·尽心上》曰:"君子之于物也,爱之而弗仁;于民也,仁之而弗亲。亲亲而仁民,仁民而爱物。"《孟子·告子下》

又曰:"亲亲,仁也。"

《礼记·祭义》曰:

> 子曰:"立爱自亲始,教民睦也。立敬自长始,教民顺也。教以慈睦,而民贵有亲;教以敬长,而民贵用命。孝以事亲,顺以听命,错诸天下,无所不行。"

《孟子·滕文公上》曰:

> 夷子曰:"儒者之道,古之人若保赤子,此言何谓也?之则以为爱无差等,施由亲始。"徐子以告孟子。孟子曰:"夫夷子信以为人之亲其兄之子,为若亲其邻之赤子乎?"

盖孟子反对的是夷子的"爱无差等",并非反对"施由亲始"。在儒家看来,人总是会对亲近的人多一份关爱。

这个被孟子批评的夷之,是一个墨者,是墨子的后学。

墨子的观点是什么?兼爱。"兼爱",是要"求兴天下之利,而除天下之害"(《墨子·兼爱下》),是要"爱利百姓"(《墨子·鲁问》)。

他创造这样一个概念,就是要在孔子的"仁爱"之外别树一帜。这一树,可就树出了高度,梁启超曾高度评价墨子,赞美其富有同情心,义务观念强,有牺牲精神。

"兼爱"简单地讲,就是天下所有人,乃至所有国家,无论贫富贵贱、大小强弱,一律平等相爱。这确实是天下最高尚的道德境界，也是最富有鼓动性的一个道德口号。

墨子认为当时天下大乱的根源就在于人们道德上都自爱而不爱他人，都只爱自己的亲人而不爱偏远的人。他说：

> 子自爱，不爱父，故亏父而自利；弟自爱，不爱兄，故亏兄而自利；臣自爱，不爱君，故亏君而自利……（《墨子·兼爱上》）

儿子只知道爱自己，但是不爱父亲，结果是损害父亲而自私自利。同样，弟弟爱自己不爱兄长，所以结果是"亏兄而自利"。这是家庭内部，那么国家呢？大臣爱自己不爱国君，结果是"亏君而自利"。这是下对上。那么反过来，上对下怎么样呢？也同样如此：

> 父自爱也，不爱子，故亏子而自利；兄自爱也，不爱弟，故亏弟而自利；君自爱也，不爱臣，故亏臣而自利。……虽至天下之为盗贼者亦然。盗爱其室，不爱其异室，故窃异室以利其室；贼爱其身不爱人，故贼人以利其身。此何也？皆起不相爱。（《墨子·兼爱上》）

父亲爱自己不爱儿子，兄长爱自己不爱弟弟，国君爱自己不爱大臣，那么天下所有的人都只爱自己而不爱别人。在他看来，只要天下所有的人都能够兼爱，天下就没有乱政了。他说，假如天下的儿子爱父亲像爱自己一样,天下的弟弟爱兄长像爱自己一样,天下的大臣爱国君像爱自己一样,天下哪里还有不孝呢?哪里还有不慈呢?哪里还有不忠呢?同样,天下的小偷爱惜别人家里的财物像爱惜自己家里的财物一样,哪里还有小偷小摸呢?爱惜别人的生命像爱惜自己的生命一样,哪里还有杀人的事呢?

读《墨子》这样一段文字,不由得让我想起一段《孟子》里的文字,它们非常相似:

> 孟子见梁惠王。王曰:"叟不远千里而来,亦将有以利吾国乎?"
>
> 孟子对曰:"王何必曰利?亦有仁义而已矣。王曰:'何以利吾国?'大夫曰:'何以利吾家?'士庶人曰:'何以利吾身?'上下交征利而国危矣。万乘之国,弑其君者,必千乘之家;千乘之国,弑其君者,必百乘之家。万取千焉,千取百焉,不为不多矣。苟为后义而先利,不夺不餍。未有仁而遗其亲者也,未有义而后其君者也。王亦曰仁义而已矣,何必曰利?"(《孟子·梁惠王上》)

把墨子的爱,改成孟子的利,或者把孟子的利,改成墨子的爱,是不是文字中的事理逻辑仍然成立?

兼爱从道德提倡的角度来说,当然很好,如果天下人都像墨子一样,互相亲爱,当然非常好,但是天下的人能不能做到兼爱?这才是问题的关键。我曾经写过一篇小文章,叫《方法论》,其

三 楚王攻宋：中国人的爱与正义

中讲到，我们要为解决一个问题找方法，必须是找到这个方法比解决问题容易，这才是正当的方法。比如墨子这里说的盗贼问题，要让一个盗贼像爱自家的财物一样爱别人家的财物，何等困难，相比较之下，要制止一个盗贼去偷盗别人的财物，反倒简单不少。所以，墨子要我们用赋予盗贼爱心的方式来杜绝偷盗，真的不能算是一个正当的方法——因为和让盗贼爱惜别人的财产如同爱自己的财产相比，简单地制止他偷盗别人的财产，还是容易得多。

②

不过，从思想史的角度来说，墨子用"兼爱"来反对"亲亲"，并且指出了"亲亲"逻辑会导致普遍的自私，这确确实实是墨子的伟大之处。更重要的一点是，"兼爱"实际上肯定了天下所有的人在道德上和权利上的平等，而这又必然会延伸到要求政治上的平等。正如"亲亲"不仅仅是伦理上的"爱亲"，更是政治上的"任亲"一样，"兼爱"也不仅仅是伦理上的兼爱天下人，也是政治上的"兼任天下人"。所以，在国家用人上，墨子又有"尚贤"的主张。如果说"兼爱"之于"仁爱"，还存在着不同的价值辨析，那么"任人唯贤"和"任人唯亲"，却高下立判。这是墨子对中国文化，尤其是政治文化的一大贡献。

还有，既然兼爱天下，当然就会反对攻国。司马迁《太史公自序》说：

《春秋》之中，弑君三十六，亡国五十二，诸侯奔走不得保其社稷者不可胜数。

至战国中期，诸侯国又从春秋时期的大约200个锐减到不足20个。可见百年之间，战争之残酷与频繁。墨子认为，固然有少数国家，如南方荆吴、北方晋齐，因为好战而扩充领土，成为大国，"以攻战之故，土地之博，至有数千里。人徒之众，至有数百万人"，但是大多数国家却因为好战而灭亡，"虽四五国则得利焉，犹谓之非行道也。譬若医之药人之有病者然，今有医于此，和合其祝药之于天下之有病者而药之，万人食此，若医四五人得利焉，犹谓之非行药也。故孝子不以食其亲，忠臣不以食其君。古者封国于天下，尚者以耳之所闻，近者以目之所见，以攻战亡者，不可胜数。"（《墨子·非攻中》）——谁说战争是国家的理性行为呢？

"凡兵，天下之凶器也。"（《吕氏春秋·仲秋纪·论威》）战争是屠杀天下的凶器，战争之中，妇幼老弱一概难于幸免。《墨子·非攻中》言：

今攻三里之城，七里之郭，……杀人多必数于万，寡必数于千。

在这篇文章里，墨子讲到战争之危害，讲了人民生命财产以及国家诸多方面的损失，用了九个"不可胜数"，其中百姓和士兵死亡之"不可胜数"就有五个。《墨子·非攻下》则描绘了这样一幅惨景：

> 入其国家边境，芟刈其禾稼，斩其树木，堕其城郭，以湮其沟池，攘杀其牲牷，燔溃其祖庙，劲杀其万民，覆其老弱，迁其重器。……

墨子一方面向我们揭示了战争的实质和最大危害就是杀人，另一方面也显示出他内心对广大人民的巨大悲悯之情：

> 此其为不利于人也，天下之害厚矣。而王公大人乐而行之，则此乐贼灭天下之万民也，岂不悖哉！（《墨子·非攻下》）

这种悲悯之情与他的"兼爱"，是互为因果的。

虽然儒家、道家也反对战争，但是，他们的出发点不同。儒家认为，天子之下的国，互相攻伐是不懂规矩的；道家认为，大道之下的国，互相攻伐是不智慧的；而墨家认为，平等互利的国，互相攻伐是不道德的。

儒家从政治秩序的角度反对战争。

道家从哲学智慧的角度反对战争。

墨家从伦理道义的角度反对战争。

所以，墨子反对战争，从亏人自利说起：

> 今有一人，入人园圃，窃其桃李，众闻则非之，上为政者得则罚之。此何也？以亏人自利也。至攘人犬豕鸡豚者，其不义又甚入人园圃窃桃李。是何故也？以亏人愈多。苟亏人愈多，其不仁兹甚，罪益厚。至入人栏厩，取人马牛者，其不仁义又甚攘人犬豕鸡豚。此何故也？以其亏人愈多。苟亏人愈多，其不仁兹甚，罪益厚。至杀不辜人也，拖其衣裘，取戈剑者，其不义又甚入人栏厩取人马牛。此何故也？以其亏人愈多。苟亏人愈多，其不仁兹甚，罪益厚。当此，天下之君子皆知而非之，谓之不义。今至大为不义，攻国，则弗知非，从而誉之，谓之义。此可谓知义与不义之别乎？（《墨子·非攻上》）

并且，有意思的是，针对战争发动者的种种正义美名，墨子直接指出战争的实质是——杀人：

> 杀一人，谓之不义，必有一死罪矣。若以此说往，杀十人，十重不义，必有十死罪矣；杀百人，百重不义，必有百死罪矣。当此，天下之君子皆知而非之，谓之不义。今至大为不义，攻国，则弗知非，从而誉之，谓之义。情不知其不义也，故书其言以遗后世；若知其不义也，夫奚说书其不义以遗后世哉？（《墨子·非攻上》）

而"杀人"，就与他的兼爱严重冲突了。但是，有意思的是，墨子并没有从伦理学上展开价值判断,他只是把价值判断——杀人不义——作为前提,他的论证,用的是他的看家本领:逻辑。他质问那些战争发动者、鼓吹者、赞美者和辩护者:你们有逻辑吗?

墨子当然非常强调道德,这是知识分子的共同特点,墨子可能还更加强烈。但有意思的是,墨子对不义之人的愤怒,主要爆发点还不是他们"坏",而是他们"笨"。他对没逻辑的愤怒超过了对没德性的愤怒。所以,墨子的道德义愤往往转变为智力碾压——论逻辑学成绩,他在诸子中是佼佼者。很多时候,我们可以宽容德性不高的人和行为,但是,我们无法容忍逻辑上的混乱。逻辑的必然性,使得事情在对错之间没有缓冲地带。

所以,孟子的峻急是道德的高峻,不容宽贷;墨子的峻急是逻辑的严肃,无有余地;商鞅、韩非的峻急是个性上的刻忍,惨礉少恩。

说到这里,我就要说说墨子给我们留下的一个精彩典故了:止楚攻宋。这个精彩的故事,就从逻辑开始。墨子是先秦诸子中第一个有意识运用逻辑利器来战胜对手的思想家。我们来看看这篇记录在《墨子·公输》里的故事:

> 公输盘为楚造云梯之械,成,将以攻宋。
>
> 子墨子闻之,起于齐,行十日十夜而至于郢,见公输盘。公输盘曰:"夫子何命焉为?"子墨子曰:"北方有侮臣者,愿藉子杀之。"
>
> 公输盘不说。
>
> 子墨子曰:"请献十金。"公输盘曰:"吾义固不杀人。"

墨子劝阻公输般,已经很有战国辩士的风采。他设套让公输般入彀,引出公输般的"吾义固不杀人",这个"吾义",可以理解为"吾依义",即:我遵循道义不杀人;也可以理解为"吾之义",即:我做人的原则是不杀人。但不管怎么说,墨子其实了解公输般:这个人是有原则的,是讲道义的,所以他才设了这样一个让公输般去做杀手的套,以激起他的道德羞耻心和愤懑感。

当公输般说出这个"义"字的时候,墨子就知道,公输般已经入彀了:因为从逻辑学角度讲,起点有了,结局就不可逃脱。

接下来,墨子的语言一气呵成,有一种擒获强敌之后善刀而藏之的"为之四顾,为之踌躇满志"(《庄子·养生主》),气场强大,势如破竹:

> 子墨子起,再拜,曰:"请说之。吾从北方闻子为梯,将以攻宋。宋何罪之有?荆国有余于地而不足于民,杀所不足而争所有余,不可谓智。宋无罪而攻之,不可谓仁。知而不争,不可谓忠。争而不得,不可谓强。义不杀少而杀众,

三 楚王攻宋：中国人的爱与正义

不可谓知类。"

公输盘服。

"公输般服"，服什么？服了仁、智、忠、强，没错；但最重要的是，他服了逻辑——知类。

但不是所有人都会服从仁义和逻辑，比如权力。马上就证明给你看：

子墨子曰："然胡不已乎？"公输盘曰："不可，吾既已言之王矣。"子墨子曰："胡不见我于王？"公输盘曰："诺。"

对了，作为一个有道德自觉的人，除了仁、智、忠、强、知类（逻辑），公输班还有一个"信"的问题。"言必信，行必果"是很多执着之人的执念。

于是，墨子还得要说服楚王。楚王才是楚国的代表，才能代表国家终止战争，也才能解脱"信"加给公输班的制约。

有意思的是，到了楚王那里，墨子自觉地调换了武器，他与楚王之间展开的，就不再是仁义等方面的是非讨论，而是利害计算。

当然，墨子可能意识到，如果直陈"利害"，以此立论，他已然在理论上破产——因为他是讲道义的，他是从道义的角度认为国与国之间是不可互相攻打的。所以，他没有直接说利害，他说逻辑——但这是什么逻辑呢？理性逻辑。毕竟，国家理性的本质,就是利害考量。

> 子墨子见王,曰:"今有人于此,舍其文轩,邻有敝舆而欲窃之。舍其锦绣,邻有短褐而欲窃之。舍其粱肉,邻有糠糟而欲窃之。此为何若人?"王曰:"必为窃疾矣。"子墨子曰:"荆之地,方五千里,宋之地,方五百里,此犹文轩之与敝舆也。荆有云梦,犀兕麋鹿满之,江汉之鱼鳖鼋鼍为天下富,宋所为无雉兔狐狸者也,此犹粱肉之与糠糟也。荆有长松、文梓、楩、楠、豫章,宋无长木,此犹锦绣之与短褐也。臣以三事之攻宋也,为与此同类,臣见大王之必伤义而不得。"

这个逻辑就是:作为一个物产丰富到不竭,土地辽阔到多余的国家,去攻打并占有一个物产匮乏、土地局促的国家的土地,牺牲其不足的人口,抢夺其本已多余的土地,实在是不知所谓。要知道那时候,人口是国家的重要生产力,是国家最重要的资源,是国家整体实力的最重要要素。而打仗,总是要死人减员的。在楚国这样的有着广袤领土的国家,人口减少才是国家最大的损失。

墨子说的是什么?是国家理性。

更重要的是:为了获得已经多余的土地,不仅要减少国家人口,还要付出另一个重要的成本,那就是一个国家包括国君本身的道义。

墨子说"伤义而不得",意思是:这种做法挺蠢的,既不得地,

三 楚王攻宋：中国人的爱与正义

还伤义。

但楚王的思路是倒过来：用伤义的方法来得地。如果能得地，那伤义就伤义吧。只要能得地，楚王根本不会顾忌什么义不义的问题，也不在乎逻辑，更不在乎道义形象。他只在乎"利"。

> 王曰："善哉！虽然，公输盘为我为云梯，必取宋。"

楚王的意思是：第一，我有云梯，可以爬上宋国城墙；第二，我的战争机器已经运转起来，不能停下；第三，楚王没说，却也说了，一声"善哉"就相当于对"义"给一句精神鼓励：说得好，说得好，但我敬谢不敏——我不敏，我没有你那么高的境界。一句"必取宋"，你体会一下楚王权力的傲慢：别给我讲道义，我有实力，我必取宋。

到了这个时候，墨子只好走下道义的高地，回到现实的泥沼，在楚王的境界上和他较量：

> 于是见公输盘。子墨子解带为城，以牒为械，公输盘九设攻城之机变，子墨子九距之。公输盘之攻械尽，子墨子之守圉有余。公输盘诎，而曰："吾知所以距子矣，吾不言。"子墨子亦曰："吾知子之所以距我，吾不言。"楚王问其故。子墨子曰："公输子之意，不过欲杀臣。杀臣，宋莫能守，可攻也。然臣之弟子禽滑釐等三百人，已持臣守圉之器，在宋城上而待楚寇矣。虽杀臣，不能绝也。"楚王曰："善哉！

吾请无攻宋矣。"

别以为这只是"沙盘推演",这其实是真实的惨烈的悲壮的战斗。悲壮到战至弹尽粮绝,最后"两间余一卒",只剩墨子一人,血污斑斑,是双方最后胜算的砝码。孤独的墨子,孑然一身,面对着来自一个国家的攻击;而他,只有血肉之躯,且已深陷敌境,斩头沥血,千钧一发。

这确实是墨子的形象。墨子,在历史上就是这样一个战士的形象。侠之大者,为国为民。

不过,墨子已经算到了这最后一战,并且已经做了最后的安排。他和别人不一样,他不是徒手的学者,他竟然有他的私人军队——这可能是墨子和当时其他的思想家最大的不同:他不仅有对于世道的武器的批判,他还有批判的武器。这是真实的武器:他有私人军队不说,他还有当时最先进的私人兵工厂,他造出的常规武器天下无敌。此刻,他的弟子禽滑釐已经率领三百人决死队,高举猎猎大旗,挺立宋城,掌握着最先进的墨式武器,以待楚寇。当道义和逻辑的批判无法阻止疯狂的楚王的时候,他只好动用真实的武装和武器来对楚王进行武器的批判——至此,楚王终于认输,让隆隆开动的国家战车,停在墨子面前。

一个墨者,挡住了一个大国的战车。无论如何,我们都会觉得墨子胜了,并且胜得如此震撼人心。

但是,只有墨子自己知道,其实,是他输了。

他受了致命的内伤。这个内伤就是:他的"义"——立足于兼爱的非攻之义,根本不可能在现实中战胜。他战胜对手的武器,其实就是对手崇尚的武器,那就是实力;他取胜对手的逻辑,也是对手的逻辑,那就是"利害"。所以,《墨子·公输》这篇文章,自古至今,都以为是在写墨子的胜利,错了,这是在写墨子的失败。思想家的失败,就是他思想的失败、理论的失败、主张的失败。

有一个小问题:为什么墨子的"义"可以完胜公输般,而只能完败于楚王?

很简单,国家,一旦有了自己的主体性,就一定有"利维坦"本性。

国家的本质是理性。理性的本质是利害。

道义无法免疫国家的利维坦病毒。控制国家的利维坦发作,需要国家自身的免疫力。这自身的免疫力,就是制度。用制度来削弱乃至瓦解、杀灭国家的集权体制。

但是,写到这里,难道我们真的能够得出一个结论:墨子的理论是无力的,因此是无用的?

其实,我们只要想一个问题:墨子本人,如果没有兼爱的思想、非攻的主张,没有这个强大的道德伦理内驱力,他怎么会摩顶放踵,行十日十夜至楚止战?他又哪里会殚精竭虑造出那么多的守围之具以抵御战争?如果不是他的道义感召,没有他热血沸腾的"义",哪里又会有三百死义之士,不计利害,不惧生死,去捍卫一个与自己利害无关的宋国?

墨子,给我们展示了道义的力量。

这力量,深藏于人性人心之中;一切物质性的力量,无不由此发端。

止楚攻宋的力量,来自他的技术和武器。但是,止楚攻宋的念头,却是来源于他的道义。

武器,在战场上大显身手。但是,造出武器的,却是一个止战的观念。

做好事,需要能力。但是,首先还得要有一个做好事的念头。这个念头的在与不在、有与没有,才最终决定了世界的品质。

在中国,墨子这样的人,不可有二,但不能无一。

他告诉我们,道义,是一切正当力量的源头。

四 城门立木：中国人的怕与奴役

令既具,未布,恐民之不信,已乃立三丈之木于国都市南门,募民有能徙置北门者予十金。民怪之,莫敢徙。复曰"能徙者予五十金"。有一人徙之,辄予五十金,以明不欺。卒下令。

——《史记·商君列传》

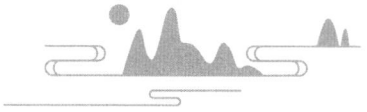

1

前面我讲过，德国人雅斯贝斯的《历史的起源与目标》一书中所讲的轴心时代，定义的时间是公元前800年到公元前200年，按照比较宽泛的说法，公元前200年相当于秦王朝灭亡、整个先秦时代结束的时候。中国先秦时代的文化起点很高，但结局却是百家终结于法家，列国一统于强秦。这个结局，对中国古代的政治制度和政治思想，都产生了极大的影响。

说到政治，以孔子为代表的儒家特别关心政治的正当性。政治的正当性包括两个方面：一个是政权的合法性。这个在孔子之前就已经被解决了。在周王朝取代商朝的时候，他们的革命理论——有德者有天下理论——已经解决了周朝统治的合法性问题，并为后来中国的改朝换代提供了解决合法性问题的模板。

政治正当性的另外一个方面，是执政手段和程序的正当性。比如孔子在和季康子谈话时提出过对政治的一种最经典解释——"政者，正也"（《论语·颜渊》），即政治是要用正当的手法来推广公平和正义。正当的政策和策略是政治正当性非常重要的方面，哪怕政治目标是公平正义的，但手法不正当，也将歪曲最终的方向。质言之，政治的正当性其实不是目标的正当性，而是手段的正当性。政治本身就是人类自身治理的一种手段。季康子还问过这样的问题："杀无道，以就有道"（《论语·颜渊》），可以吗？看起来目标没问题，但是孔子坚决反对，因为手段不合法、不正当。所以说，用正当的手法来推广公平、正义，这才是政治。

孔子的"政者，正也"，是政治学的经典定义。

关于政治的正当性，孔子和鲁哀公也有过一次谈话：

> 鲁哀公问于孔子曰："昔者舜冠何冠乎？"孔子不对。公曰："寡人有问于子，而子无言，何也？"对曰："以君之问不先其大者，故方思所以为对。"公曰："其大何乎？"孔子曰："舜之为君也，其政好生而恶杀，其任授贤而替不肖，德若天地而静虚，化若四时而变物，是以四海承风，畅于异类，凤翔麟至，鸟兽驯德，无他也，好生故也。君舍此道而冠冕是问，是以缓对。"（《孔子家语·好生》）

这段对话的关键，是孔子讲的五个字"好生而恶杀"，一个好的政治应该让人民可以更多地休养生息。这个"生"，不仅仅是指吃饱饭、活下去，还指好的政治应该给社会以生气、生机，使社会各项事业生机勃勃；同时，还包括让民众受到良好的教育，使其德性生命也得以发育，即孔子所主张的"富之""教之"（《论语·子路》）。孟子也认为，好的政府要"制民之产"（《孟子·梁惠王上》），让老百姓有一定的产业。孟子还讲到了让老百姓拥有私产的重要性："有恒产者有恒心，无恒产者无恒心。"（《孟子·滕文公上》）没有恒心就患得患失，就会"放辟邪侈，无不为已"（《孟子·滕文公上》）；如果生理的生命惶惶不安，那么德性的生命就会"流离失所"了。而孔子"恶杀"之"杀"，也就不仅仅指不杀害人民的生命，还指不杀害人民的德性，以及社会的生机。

当然，执政手段和程序的正当性，实际上在孔子之前的西周时代，也已经得到了解决，那就是"礼"，孔子所说的"为国以礼"（《论语·先进》）、"道之以德，齐之以礼"（《论语·为政》）、"君使臣以礼，臣事君以忠"（《论语·八佾》），都是指程序的正当性。所以，关于政治正当性，儒家特别强调礼乐文化，强调"和为贵"（《论语·学而》）。儒家的"礼"，从社会功能的角度讲，它是指文明的社会运作方式；从政治的角度讲，它是指国家文明的治理方式；从个人的角度讲，它是指文明的行为方式。所以，儒家强调的是文明。儒家的政治目标就是社会和谐、政治公正、人民幸福。

道家的政治，在很大程度上，是要尽量减少人为的干预，要"道法自然"。当然，道家里面，老子、庄子的政治理念也有所不同。老子还是讲究"治"的，想着怎么把天下治好，只是他希望"无为而治"。而庄子根本就反对"治"。他当然看到了儒家鼓吹政治一定要合乎规范、有伦理约束，但他也看到了权力天然就有反伦理、反民众的特性。在有政治的地方，他不相信能保持孔子想象中的那种伦理状态，所以他就走向了极端，干脆反对政治。老子和庄子都看到了政治本身具有反伦理的倾向，还具有压迫人、榨取个人空间的倾向。

法家的目标则是富国强兵。法家思想产生于战国，产生于那个时代的需求。在那个时代，诸侯国之间互相争战，而战争的目的是要灭掉其他国家。所以，战国时期，各诸侯国对法家思想有非常大的需求。

法家思想讲究"以法治民""以势凌民""以术整民"。很多人看到"法家"这个名称，会对其有情感上的认同，因为他们可能把此处的"法"理解为我们现在所说的法制。我们现在对中国传统文化的批判往往集中在以孔子为代表的儒家，把它看成是传统文化中的一个很糟糕的东西。但实际上，中国传统文化里的一些糟粕，大都不是源自儒家，而是来自法家。

"以法治民"中的"法"并不是我们今天所说的法律，它不是人民权利的保障，恰恰相反，它是剥夺人的权利，是剥夺所有人的权利给君主一人。而"以术整民"中的"术"，也是中国封建政治中最阴暗的东西——权术，即所谓的城府、手腕。法家的"术"根本不是政治家的素质，而是阴谋家的素质，但法家把它看成是政治。"以势凌民"中的这个"势"就是指权力。法家一再提醒君主所能利用的最大武器就是他的权力，有了权力就可以实现所有目标，压服这个世界上所有的人。

四 城门立木：中国人的怕与奴役

我从伦理的角度来做一个总结：孔子希望政治有伦理的约束；道家看出来用伦理约束政治比较困难，而没有伦理的政治又不可接受，所以干脆不要政治；法家则认为政治干脆不要伦理，只要权术。法家是特别强调政治效益的。法家在战国时期受欢迎的原因是它本身是一种高明的手段，因为没有伦理的约束，没有文化的包袱，可以为所欲为。以法家思想来治理一个国家，控制一个社会，集合社会资源与其他国家在战场上比拼，确实会占优势。秦国当时能战胜其他六国，与它推崇法家思想有很大的关系——所有的文化、道德、自我的约束都被去除，所以秦国可以放开手脚，什么都能做。

②

讲到这里，我就要讲讲商鞅了。商鞅与韩非一样，都是"少好刑名之学"：

> 商君者，卫之诸庶孽公子也，名鞅，姓公孙氏，其祖本姬姓也。鞅少好刑名之学，事魏相公叔座①为中庶子。公叔座知其贤，未及进。（《史记·商君列传》）

但商鞅没有脱颖而出的机会，魏相公叔痤是个私心很重的人，

---

① 公叔座：即公叔痤，战国时期魏国大臣。

临死才推荐他,却又嘱咐魏惠王如不能用就杀掉他。这时,秦国那边出现机会了。21岁的太子即位做了新秦王,就是后来的秦孝公。秦孝公是个有理想的君主,尤其有羞耻心。他即位时,"河山以东强国六,与齐威、楚宣、魏惠、燕悼、韩哀、赵成侯并",但"秦僻在雍州,不与中国诸侯之会盟,夷翟遇之"。(《史记·秦本纪》)秦国不仅没有硬实力,更没有软实力,人家都把它看作没文化不文明的夷狄。国家没地位,国君很羞耻,秦孝公不服气,就下诏求贤:

> 昔我缪公自岐雍之间,修德行武,东平晋乱,以河为界,西霸戎翟,广地千里,天子致伯,诸侯毕贺,为后世开业,甚光美。会往者厉、躁、简公、出子之不宁,国家内忧,未遑外事,三晋攻夺我先君河西地,诸侯卑秦、丑莫大焉。献公即位,镇抚边境,徙治栎阳,且欲东伐,复缪公之故地,修缪公之政令。寡人思念先君之意,常痛于心。宾客群臣有能出奇计强秦者,吾且尊官,与之分土。(《史记·秦本纪》)

公元前361年,响应着秦孝公的号召,商鞅来到秦国。经过几番面试,终于获得信任,准备推行变法。可是秦国保守势力太强大,既得利益集团太顽固,要变革,先得造变法的舆论。于是,一场由秦孝公主持的高端辩论会——事实上是一场高层大论战,在秦孝公的宫廷开幕了。

参加辩论的主要有三个人:主持改革的商鞅,反对改革的秦国权贵代表甘龙、杜挚。支持改革的秦孝公担任裁判。秦孝公既然已经有了立场,商鞅就不算孤独,事实上还占着优势。但是,秦孝公作为裁判,不能帮着辩论。一对二,商鞅应该还是有些吃力。

但没想到,这次辩论近乎一边倒。商鞅面对的这两位秦国贵族理论家,看起来阵营豪华,最终却被证明,他们不过是"鱼腩队"。在商鞅面前,他们溃不成军,被打得满地找牙。

根据司马迁《史记·商君列传》和刘向《新序·善谋上》的记载,在秦孝公致开幕词后,个性急躁而胸有成竹的商鞅首先发言:

> 公孙鞅曰:"臣闻疑行无名,疑事无功,君前定变法之虑,行之无疑,殆无顾天下之议,且夫有高人之行者,固负非于世;有独知之虑者,必见警于民。语曰:'愚者暗成事,知者见未萌。'民不可与虑始,可与乐成功。郭偃之法曰:'论至德者,不和于俗;成大功者,不谋于众。'法者所以爱民也,礼者所以便事也。是以圣人苟可以治国,不法其故;苟可以利民,不循其礼。"(《新序·善谋上》)

意思是:犹犹豫豫的行为不会成名,犹犹豫豫的事业不会成功。您此前定下的变法理念,施行它,不要怀疑,不要顾忌天下人的议论。有超出常人行为的人,本来就会被世俗非议;有独到见解的人,一定会被一般人嘲笑。就像俗语说的:"愚者暗于成事,智者见于未萌。"不能和民众商议创业之法,只能与他们分享成功的利益。郭偃之法曰:"论至德者,不和于俗;成大功者,不谋于众。"什么是法?对人民有利的就叫法;什么叫礼?有利于事业的就叫礼。所以,对于圣人来说,只要可以治国,就不沿用旧的法度;只要有利于人民,就不遵循旧的礼制。

商鞅的这番演讲,圣贤语录、民间俗语、名言警句喷涌而出。平心而论,他还真是一个大演说家。

我们把他的这番演讲稍微整理一下,你会觉得他说得真是有理有据:

第一,做事不能犹豫不决,做人不能优柔寡断。

第二,智慧和道德高出常人的人,命中注定要被人非议和污蔑,不必在意。

第三,真理往往掌握在少数人手里,所以,人多不是力量,真理才是力量,敢于坚持真理的人才有力量。

第四,大多数人资质平平,德性一般,智不能料事,德不能担事,眼光不能看得远,胸襟不能容得多。所以,这些人不是我们发展事业所能依靠的力量,恰恰是我们事业的阻力。

第五,做小事,可以和众人商量;做大事,只能自己决断。

第六,法也好,礼也好,其本质不在于一些条文和制度,而在于这些条文和制度背后的价值——治国和利民。价值永恒,条文和制度随时可变。

这六层道理,正如商鞅所说,它们来自民间俗语或古人名言。也就是说,它们是社会事实的总结,是古老智慧对历史经验的概括。因此，他不仅说得有理，还说得有据，这六层道理环环相扣，层层推进，说得慷慨激昂，富有激情。

在这样一番裹挟着名言警句的急速轰炸面前，本来就没有道德优势和知识优势的甘龙、杜挚一下子就被炸得晕头转向，只能被动挨打，最后丢盔弃甲，一败涂地。

我们可能也是如此，看到这一番宏论，立即佩服得五体投地，坚定地站在商鞅这一边。

但是，你有没有看出商鞅的问题？在他这番激情洋溢的演说里，有一个东西是欠缺的，那就是基本价值观。

商鞅的这六层道理中，有一个东西贯穿始终——对民众的无视。其中包含着：

对普通民众智力、德性的蔑视；

对他们存在的忽视；

对他们意见的藐视；

对他们权利的漠视；

对他们力量的轻视。

对民众的无视，埋藏着秦国、秦王朝以至于秦制的政治密码，埋藏着商鞅车裂、秦帝国崩溃以及几千年秦制下人民苦难的根源。

但此刻，商鞅赢了。一场由他设计、由他主导的改革在秦国拉开了序幕。

3

接下来，有一件事，成为传之久远的历史典故，那就是"立木为信"：

> 令既具，未布，恐民之不信，已乃立三丈之木于国都市南门，募民有能徙置北门者予十金。民怪之，莫敢徙。复曰"能徙者予五十金"。有一人徙之，辄予五十金，以明不欺。卒下令。（《史记·商君列传》）

很多人夸奖商鞅讲信义，连宋朝的王安石都认为商鞅的"立木为信"很了不起，他有一首诗，题目就叫《商鞅》：

> 自古驱民在信诚，一言为重百金轻。
> 今人未可非商鞅，商鞅能令政必行。

显然，眼光老辣的王安石在这件事上，出现了一个很大的误判。我们仔细分析一下这件事就会发现，商鞅策划的这个事情，根本就不是在表明"政府会守信"，而是在告诫百姓："只要是政府说的你就不可以怀疑。"商鞅知道秦国的老百姓不相信政府，所以他在改革法令还未公布时，就策划了这样的一幕，"立三丈之木于国都市之南门"，并贴了一个公告，说谁能把木头搬动就给他十金。老百姓们就觉得奇怪：第一，为什么南门会有这样一

四 城门立木：中国人的怕与奴役

根木头？第二，为什么要把木头搬到北门？第三，为什么如此简单轻松的事情会给这么重的酬金？何况，这件事本来可以一分钱不花，命令官差去做就是。

所以，老百姓的判断是：这显然是不可信的。

商鞅要的就是这个结果。

用不合常理的事来检测百姓是否信任政府，是不合理的。所以，商鞅的这一奇怪举动，不是为了树立政府讲信用的形象，而是在告诉大家：只要是政府说的，哪怕完全不合常理，你们也必须相信。所以，这个城门立木，为的是让老百姓不质疑政府，而不是为了表明政府守信用。

十金的赏金没人信，就再增加到五十金，其实这样会愈加不可信。但终于有一个人出场了。我非常怀疑这个人是商鞅安排的，这不是没可能——万一五十金还没人干怎么办？商鞅必须想好后招。这个人把木头从南门搬到北门，商鞅如约付给他五十金，"以明不欺，卒下令"。

有商鞅的"南门立木"，就会有赵高的"指鹿为马"。一部秦史，两个成语而已。大秦王朝，其兴也诈，其亡也欺。诈民开始，欺君结束。

一年之后，老百姓都说商鞅的法令不好，于是商鞅说"法之不行，自上犯之"，想找一只"猴"杀给"鸡"看，正好太子犯了他制定的那个法，他当然不敢杀太子，于是叫太子的师傅接受这个惩罚：

> 卫鞅曰:"法之不行,自上犯之。"将法太子。太子,君嗣也,不可施刑,刑其傅公子虔,黥其师公孙贾。明日,秦人皆趋令。(《史记·商君列传》)

很多今人又赞美说:王子犯法与庶民同罪。其实,这都是法家的手段。商鞅知道,如果连太子都受惩罚了,老百姓哪里还敢乱说乱动。法家从来都是以人为手段,至于是什么人,那就看谁碰上了——褒贬揄扬,杀伐庆赏,都是为了自家目的。《三国演义》里曹操借王重的头以安军心,也是这种法家手段。商鞅把公子虔施劓刑(即挖去鼻梁),一个没有鼻子的人怎么见人?他只好闭门不出,据说达八年之久,事实上,鼻子不能再生,他很可能终生都不能出门。八年不出门者,八年以后出来报仇雪恨也。而公孙贾的黥刑,则是脸上刺字,并且涂墨,也是终身不能洗去。司马迁说商鞅"惨礉少恩",良有以也。

这样一来,老百姓果然怕了,知道政府要干的事情他们没办法违抗,于是就去做。法家的手段之所以有效率,一个原因就是直接简单:听话照做,不然大刑伺候。

做了十年之后,效果还不错,老百姓也逐渐适应了,有些人又来说这个法令挺好,又来拍商君马屁,即"秦民初言令不便者有来言令便者"。按说,这个总可以吧?但商鞅不这么想,他认为,这些人"皆乱化之民也",于是"尽迁之于边城","其后民莫敢议令"。说它不好不可以,说它好也不可以。总之,政府的事,对错好坏,都与小民无关。孔子说:"天下有道,则庶人不议。"

(《论语·季氏》)孔子的意思是,天下无道,庶民是要议的;天下有道,庶民无所可议,故不议。议与不议,都取决于小民自己的愿与不愿。《国语》中召公说"防民之口,甚于防川",只可疏而不可堵,还讲了一大段古代议政的规矩:

> 故天子听政,使公卿至于列士献诗,瞽献曲,史献书,师箴,瞍赋,蒙诵,百工谏,庶人传语,近臣尽规,亲戚补察,瞽、史教诲,耆、艾修之,而后王斟酌焉。(《国语·周语》)

商鞅一出,这古代的贵族民主制度,扫地已尽。一个集权的君主时代,已然到来。

我们来看看商鞅做事的三段论:

立木南门——政府准备做的事,哪怕再不合常理,都不能怀疑;

杀猴警鸡——政府正在做的事,只能执行不能反抗;

迁民边城——政府做的事,过程也好,结果也罢,不得议论。连表扬赞美的资格都没有。

不得疑,不得抗,不得议——在商鞅眼里,所有国家事务,都与百姓无关,百姓只是执行的机器。

《商君书》中体现的政治伦理,就是政治无须伦理。在商鞅看来，国家只需要一种民——生产机器和战争机器。这二者是合二为一的：平常的时候做农民，是国家的生产机器；打仗时则全民皆兵上战场，做国家的战争机器。除了这两种机器，其他民则都叫"虱"。《商君书》中专门有一篇指责不务农、不打仗的六种人，叫《六虱》；后来韩非子的《五蠹》，应该是受其启发。他们都认为不是国家所需要的人就不应该活下去，那只是国家的蛀虫罢了。这是他所谓的"一民理论"。

如何"一民"？民若不愿意被"一"，怎么办？商鞅有一整套的方法，让你无所逃乎天地之间。我在《风流去》一书的《商鞅：斯人自杀》一篇里，对此有全面的阐述。总之，为了国家能彻底制服国民，商鞅有"辱民、贫民、愚民、弱民、杀民"等多种可选方案，把老百姓制得服服帖帖。

韩非后来把法家的思想概括为"法术势"，这一点我在前面写韩非时已经提到，这里再解释一下。"法"是法令，是公开的，是臣民的行动准则而不是国君的行动准则，是国君对臣民的约束而不是制度对国君的约束；"术"是权术、手段，隐藏在君主心中，驾驭、驱使、对付臣民，不可公之于众，这也是法家政治中最阴暗的部分；"势"就是权力、权势，君主独有，一丝不得分给臣民。

法家的政治无伦理，可以用《韩非子·外储说右下》的一则故事来说明：

秦大饥，应侯请曰："五苑之草著：蔬菜、橡果、枣栗，

四 城门立木：中国人的怕与奴役

足以活民，请发之。"昭襄王曰："吾秦法，使民有功而受赏，有罪而受诛。今发五苑之蔬草者，使民有功与无功俱赏也。夫使民有功与无功俱赏者，此乱之道也。夫发五苑而乱，不如弃枣蔬而治。"一曰："令发五苑之蓏蔬枣栗，足以活民，是用民有功与无功争取也。夫生而乱，不如死而治，大夫其释之。"

秦国遇到了大饥荒，国相应侯范雎就跟秦昭襄王说，现在老百姓遇上了饥荒，而你的私家园林里有很多野生的蔬果，足以让老百姓活命了，请发放吧！昭襄王却说，按照秦朝的法律，有功的才受赏，有罪的受诛，若你现在要我把五苑门打开让所有人都进去，就会变成没功的也受赏了，这违背了我们的法令原则，是不可以的。"夫发五苑而乱，不如弃枣蔬而治"，意思是，与其打开五苑之门而乱了法制，还不如就这样让野果烂在野地里，保持国家的秩序。下面一句话讲得就更直白了："生而乱，不如死而治。"即与其让老百姓活着坏了国家制度，还不如让他们死去以坚守国家制度。

当然，你也可以认为这个故事是韩非编的，但若是这样就更可怕了，因为他的主张竟然是：就算碰到饥荒也绝不可以赈济老百姓，没有立功的人饿死也活该。这种政治，它的伦理在哪里？

有一个很有意思的现象：在先秦诸子中，儒家和道家的人都是善终的。儒家的三个人物，孔子活到73岁，孟子活到84岁，荀子据说活了97岁，均善终；道家人物老子据说活得更久，庄子也是善终的。但法家人物商鞅、韩非、李斯却没有一个是善终的。商鞅之死有人说是五马分尸，也有人说是死后才分尸，《史记》中这两种说法都有。商鞅死的时候一家都被杀，老母都不得幸免；李斯则先受"五刑"，再遭腰斩，儿子也一起被杀；在秦国的韩非则被逼喝毒药自杀，因其家族在韩国，得以保全了。

5

商鞅变法，按照秦孝公和商鞅的目标，可以算是取得了成功，秦国因此统一了六国。当然有人会说：商鞅本人被杀了，但这不影响商鞅的成功。因为商鞅本来就是一个国家主义者，国家主义者的理论就是为了国家可以牺牲任何一个人。从这个意义上说，商鞅是一个纯粹的国家主义者，他用他的实践，乃至于用他的生命，来证明和维护国家主义的理论。能为自己的理论而死，本来就是思想家应该有的准备，而能为自己的理论而死，则应该被看成是思想家的幸福。

秦孝公和商鞅的目标就是富国强兵。那我们就看一下法家到底塑造了一个怎样的秦国。秦国在先秦的典籍中有一个专门的称呼，叫"虎狼之国"，比如《战国策》讲到秦国，前面往往加上"虎狼"两个字，变成"虎狼之秦"，这是法家改革的最后结果。商鞅变法把一个落后的秦国变成一个强大的秦国，这没错，但是同时也把愚昧的秦国变成了野蛮的秦国。在冷兵器时代，野蛮是一种很重要的力量，"强兵"往往就是"野蛮的兵"，兽性会增强士兵在战场上的攻击力，而人性则会削弱它。荀子曾分析过战国时期各国军人的战斗力，秦国第一，魏国第二，齐国第三：

> 故齐之技击，不可以遇魏氏之武卒；魏氏之武卒，不可以遇秦之锐士……（《荀子·议兵》）

为什么呢？

> 秦人其生民也陿阨，其使民也酷烈，劫之以埶，隐之以陿，忸之以庆赏，酋之以刑罚，使天下之民，所以要利于上者，非斗无由也。阨而用之，得而后功之，功赏相长也，五甲首而隶五家，是最为众强长久，多地以正，故四世有胜，非幸也，数也。（《荀子·议兵》）

原来，秦国士兵的战斗力最强，得益于商鞅变法确定的军功体制。平民百姓在战场上获得军功就可以成为新贵族。因此，他们为了改变命运，就会在战场上玩命杀敌。据载，从公元前356年到前236年，秦国共杀死他国士兵达百万之多。

关于战争的残酷和人员的伤亡，我们还可以举一个《史记》里的例子——秦国和赵国的长平之战，以窥一斑。在赵国失败之前，双方对峙了很久，在对峙的最后阶段，后来的胜利者秦国都顶不住想撤军了。当时在前线的秦昭襄王给范雎写信说顶不住了，想要撤退，范雎说现在就是要看谁顶得住最后一口气，不能退。之后秦昭襄王加封河内郡百姓爵位一级，征调河内郡十五岁以上的青壮年集中到长平战场，才取得战争的最后胜利。我们可以想象一下在战争结束之前，双方的伤亡人数是何等巨大（一种估计是秦兵伤亡20万左右）。最终赵国有40多万人被俘虏并阬杀，据说秦国放回了年纪尚幼的240人，但那也是为了制造恐惧。注意这个阬杀的"阬"不是"坑"，它们的区别在于："坑"是挖个坑埋掉，然而我们现在的考古并没有找到这个万人坑；实际上秦国是把这40多万人杀了之后堆成一座山，这样的目的也是造成恐惧。

《商君书·境内》中提到，"能攻城围邑斩首八千已上，则盈论；野战斩首二千，则盈论"，规定了一场战争要达到多少指标才算是完成任务，才能领取赏赐，这可能是最早的绩效管理。我们还可以看一下秦国大将白起的战绩：昭王十四年（公元前293年），斩首24万；昭王三十四年（公元前273年），斩首13万，又沉降卒2万人于黄河中；昭王四十三年（公元前264年），斩首5万；昭王四十七年（公元前260年），杀赵国降卒45万。

根据《史记》的统计，秦国在统一六国的过程中所斩杀的六国士兵人数在150万以上，这还不包括秦国自己士兵的死亡人数。一般来说，在冷兵器时代，敌我双方的死亡比例一般是10∶8；若对方死亡150万，则秦国自己大概要死亡120万。所以，当我们歌颂秦朝统一中国之伟大的时候，要小心一点，想一想那些游荡在六国古战场上的亡灵。

6

商鞅变法让秦国强大了，奠定了灭六国一统天下的基础。我们今天的各类教材常常这样告诉我们：虽然商鞅本人失败了，但他的政策在秦国取得了成功，秦国终于灭尽六国，一统天下，所以给了商鞅一个成功的评价。但我想问：秦国是谁的秦国？秦国灭了六国又是谁的成功？

我现在试着回答这样的问题。

第一，六国贵族当然是失败了。

第二，六国的老百姓此后必须忍受更加残暴的政权，也失败了。后来陈胜起义的时候，他根本不需要做政治宣传，他只说了六个字"天下苦秦久矣"就够了。这六个字喊出来，天下人都热泪盈眶。而陈胜吴广起义，虽然也打出一个"张楚"的旗号，其实，他们根本不是为了复国，也不是为了救民，他们只是自救——秦让每一个人都痛不欲生。

第三，秦国的老百姓成功了吗？在商鞅变法时，秦国老百姓所承受的苦难就已经比其他六国老百姓多很多。《商君书·徕民》自己也承认，秦国军队几乎是战无不胜，攻无不克，但是他们每占据一个地方，这个地方就没有人了——老百姓都跑光了：

> 今三晋不胜秦，四世矣。自魏襄以来，野战不胜，守城必拔，小大之战，三晋之所亡于秦者，不可胜数也。若此而不服，秦能取其地，而不能夺其民也。

六国的老百姓绝不愿意去秦国做老百姓，他们用自己的脚在两千多年前就做了选择，今天很多学者却还在说秦国好。秦国的老百姓什伍连坐，轻罪重罚，动辄就没为官婢，战陷即全家为奴。很多人也许会说："商鞅不是废除了奴隶制吗？"这就单纯得有些可笑了。他们没有看到《商君书》中对战功的奖励里面有一条就是赏赐奴隶？这些奴隶是从哪里来的？那些战败的、逃跑的或者没有完成任务的，就成了奴隶了！其实，商鞅是把所有的人都变成了潜在的奴隶。今天获得了奖赏，给你一个奴隶，但若明天你上战场失败了，你就变成了奴隶。每个人都在患得患失，整个社会没有身份认同。在秦国没有任何东西是你自己的，也没有任何东西是你有把握保得住的。所以，商鞅取消了世袭的奴隶，而代之以人人都可能成为奴隶；商鞅让奴隶可以凭战功获得解放，但同时又让所有人因为不服从、不努力而成为奴隶。如此而已。为了不做奴隶以及获得更多的首级，秦国士兵不惜砍杀对方国家的普通百姓以冒功。鲁仲连如此评价秦国：

> 彼秦者，弃礼义而上首功之国也，权使其士，虏使其民。彼即肆然而为帝，过而为政于天下，则连有蹈东海而死耳，吾不忍为之民也。（《史记·鲁仲连邹阳列传》）

在此段文字下，南朝宋裴骃的《史记集解》引用谯周的评价说，秦人每次在战场上战胜，对方的老弱妇女都被杀掉计算战功，动不动就以万数：

> 秦用卫鞅计，制爵二十等，以战获首级者计而受爵。是以秦人每战胜，老弱妇人皆死，计功赏至万数。天下谓之"上首功之国"，皆以恶之也。

汉语"首级"一词，就来源于商鞅变法的规定：战斩一首，赐爵一级。这样血腥的词，算是商鞅对汉语的贡献。

刘邦进入关中的时候，也是靠一句"父老苦秦苛法久矣"就站住了脚跟——他只是把陈涉的话换了一个主语：

> 父老苦秦苛法久矣，诽谤者族，偶语者弃市。吾与诸侯约，先入关者王之，吾当王关中。与父老约，法三章耳：杀人者死，伤人及盗抵罪。余悉除去秦法！（《史记·高祖本纪》）

所以，刘邦进入关中干的第一件事，就是"悉除去秦法"，可见秦法是何等人神共愤！刘邦这么简单的一个举动，就得到了秦国父老的认同：

> 秦人大喜，争持牛羊酒食献飨军士。沛公又让不受，曰："仓粟多，非乏，不欲费人。"人又益喜，唯恐沛公不为秦王。（《史记·高祖本纪》）

后来项羽进来都站不住脚。项羽没有占关中,有人说是因为项羽笨、策略不行,其实并不全然如此,因为项羽到了关中之后,发现关中的人心已经不是他的了,而是刘邦的。是谁帮助刘邦获得人心的?是强秦。

既然六国失败了,六国的贵族失败了,六国的百姓失败了,秦国的老百姓也失败了,那我们是否可以得出一个结论——只有秦国的贵族成功了?

我们接着往下看。

法家为了君主集权,一定要防止宗族分权,一定要打击贵族。周朝一直实行的贵族民主制,是法家国家主义一定要消灭的第一个体制上的障碍。只有把贵族消灭掉或剥夺他们的参政议政权,才能保证国君一人独裁。这也是为什么法家的结局都很惨的原因:因为法家打击贵族,所以他们和贵族之间是你死我活的斗争,吴起、商鞅甚至屈原之死都是例证。韩非早就看出了他们这些"法术之士"与贵族之间的你死我活,他在《人主》《孤愤》等文章中对此深为叹息,《韩非子·外储说右上》更以"国亦有狗"来比喻"法术之士""有道之士"被贵族啮咬:

> 有道之士怀其术而欲以明万乘之主,大臣为猛狗迎而龁之,此人主之所以蔽胁,而有道之士所以不用也。

因此,法家对贵族是法不容情,斩尽杀绝。秦二世即位之前,已经假托始皇帝之命赐死扶苏和蒙恬,即位之后,赵高以法家思想为依据，教唆二世：

> 赵高曰："严法而刻刑，令有罪者相坐诛，至收族，灭大臣而远骨肉；贫者富之，贱者贵之。尽除去先帝之故臣，更置陛下之所亲信者近之。此则阴德归陛下，害除而奸谋塞，群臣莫不被润泽，蒙厚德，陛下则高枕肆志宠乐矣。计莫出于此。"二世然高之言，乃更为法律。于是群臣诸公子有罪，辄下高，令鞠治之。杀大臣蒙毅等，公子十二人戮死咸阳市，十公主矺死于杜，财物入于县官，相连坐者不可胜数。(《史记·李斯列传》)

十二位公子在咸阳被杀，十位公主在杜县遭肢解。公子高见情况很严重，为保妻子，自行殉葬于始皇帝。

再看《史记·秦始皇本纪》的记载：

> 二世乃遵用赵高，申法令。乃阴与赵高谋曰："大臣不服，官吏尚强，及诸公子必与我争，为之奈何？"高曰："……大臣鞅鞅，特以貌从臣，其心实不服。今上出，不因此时案郡县守尉有罪者诛之，上以振威天下，下以除去上生平所不可者。今时不师文而决于武力，愿陛下遂从时毋疑，即群臣不及谋。明主收举余民，贱者贵之，贫者富之，远者近之，则上下集而国安矣。"二世曰："善。"乃行诛大臣及诸公子，以罪过连逮少近官三郎，无得立者，而六公子戮死于杜。

公子将闾昆弟三人囚于内宫，议其罪独后。二世使使令将闾曰："公子不臣，罪当死，吏致法焉。"将闾曰："阙廷之礼，吾未尝敢不从宾赞也；廊庙之位，吾未尝敢失节也；受命应对，吾未尝敢失辞也。何谓不臣？愿闻罪而死。"使者曰："臣不得与谋，奉书从事。"将闾乃仰天大呼天者三，曰："天乎！吾无罪！"昆弟三人皆流涕拔剑自杀。宗室振恐。群臣谏者以为诽谤，大吏持禄取容，黔首振恐。

注意到了吗？赵高每次说话，都以法家思想为依据，很多句子，几乎就直接从《商君书》《韩非子》两书中化用而来。

在这样有预谋的屠杀之下，秦国的贵族，成功乎？失败乎？

秦二世赢了吗？两年后，秦二世被赵高杀死。

赵高赢了吗？在杀死秦二世后仅仅五天，赵高就被子婴杀了。

在一轮又一轮的自相残杀中幸存的子婴，是最后的赢家吗？四十六天之后，刘邦来了，子婴"降轵道旁，奉天子玺符"（《史记·秦始皇本纪》），秦朝灭亡了。刘邦对子婴还是不错的，没有杀他，只是把他作为俘虏。但是一个月后，项羽来了，子婴被杀，同时被杀的还有秦诸公子宗族。整个秦朝残留下来的贵族都被项羽屠杀殆尽：

遂屠咸阳，烧其宫室，虏其子女，收其珍宝货财，诸侯共分之。（《史记·秦始皇本纪》）

法家建立的这套体制，没有一个人是胜利者。

数百年的时间，一个拥有一百多万身经百战的军队、可以说是当时世界上最强大的王朝，最后却输给了草根陈胜、吴广，输给了半文盲项羽、刘邦。

秦国，从秦非子算起，历近七百年；从秦襄公算起，历近六百年。几百年的发愤图强、好胜争强，一度强到攻无不克、战无不胜、席卷天下、并吞八方，但到了最后竟落得个瞬间崩溃、一败涂地、宗族绝灭的下场。我们真的应该反思一下：秦制到底能够给这个国家带来什么？

秦朝灭亡之后，从汉到清，没有一个有良知的读书人同情、歌颂秦朝，没有一个朝代的官方意识形态肯定秦朝，甚至没有一个暴君敢公开声明自己效仿秦朝。秦朝几乎在所有的时间里被所有的人毫不留情地唾弃。

历史上，几乎所有朝代灭亡的时候，总会有一帮遗民忠诚于它。但秦朝是个例外，没一个人表示自己忠于秦朝。秦朝也被自己时代的所有人唾弃了。

五 以羊易牛：中国人的人性与道德

臣闻之胡龁曰:"王坐于堂上,有牵牛而过堂下者,王见之,曰:'牛何之?'对曰:'将以衅钟。'王曰:'舍之!吾不忍其觳觫,若无罪而就死地。'对曰:'然则废衅钟与?'曰:'何可废也,以羊易之。'"

——《孟子·梁惠王上》

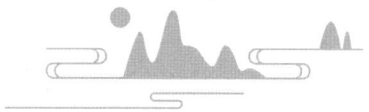

1

《孟子》开篇第一章"孟子见梁惠王",用一大段文字论述义利之辨,这和《墨子·兼爱上》讲亏人自利的一大段,逻辑相同,行文相似。其实,孟子揭露战争造成人民死亡之"争地以战,杀人盈野;争城以战,杀人盈城,此所谓率土地而食人肉,罪不容于死"(《孟子·离娄上》)与墨子反复论证之争有余之土地而杀人不可胜数(参见《墨子·非攻中》),岂不也是一脉相承?甚至,《墨子·非攻下》之"燔溃其祖庙,劲杀其万民,覆其老弱,迁其重器",直接被孟子化用为《孟子·梁惠王下》之"杀其父兄,系累其子弟,毁其宗庙,迁其重器"。我们看到孟子时时骂墨子,他骂墨子,必然是相当熟悉墨子。

与墨子舌战楚王一样,孟子也经常舌战各路诸侯,什么梁惠王、齐宣王、滕文公、邹穆公,他一路骂过来。他谁都不怕,谁都怕他。他气场强大,浩然之气所向披靡。

司马迁《史记·孟子荀卿列传》这样记孟子:

> 孟轲，驺人也。受业子思之门人。道既通，游事齐宣王，宣王不能用。适梁，梁惠王不果所言，则见以为迂远而阔于事情。当是之时，秦用商君，富国强兵；楚、魏用吴起，战胜弱敌；齐威王、宣王用孙子、田忌之徒，而诸侯东面朝齐。天下方务于合从连衡，以攻伐为贤，而孟轲乃述唐、虞、三代之德，是以所如者不合。退而与万章之徒序《诗》《书》，述仲尼之意，作《孟子》七篇。

记孟子的文字就这么一点，有点草率，也有点揶揄。司马迁对待孟子的态度与对待孔子相比，差得太远。我猜是因为司马迁不喜欢孟子的气质，司马父子喜欢的是黄老的自然和顺，与咄咄逼人、锋芒毕露的孟子可能有点不合调。不过，我们通过司马迁的描述，还是看出了孟子的不合时宜——其实，只要是圣贤，总是不合时宜的。

虽说孟子和当时的那些诸侯基本"不合"，但各路诸侯对他都保持了足够的敬意与诚意：他们在孟子面前都小心翼翼，都忍受着孟子的盛气凌人，忍受着他的教训甚至责骂，虽然没有照他说的做，但还是耐心地听他说。他骂梁惠王"率兽食人"，骂梁襄王"不似人君"，对滕文公小心翼翼、毕恭毕敬的讨教颇不耐烦，对邹穆公的寻求安慰怼以"出尔反尔"……凡此种种都可以看出，孟子确实毫无一丝在权势者面前的媚骨。我曾经写过一篇短文《孔孟的差别》，发表在《光明日报》上，讲孔子与孟子的区别：

五 以羊易牛：中国人的人性与道德

孟子总是说要做圣人之徒，"闲（捍卫）先圣之道"（《孟子·滕文公下》），其实，孟夫子毕竟是孟夫子，豪杰之士，他不会像颜回那样对孔子亦步亦趋，而往往是师心自用，率意而行，负气而动。

比如，孟子对待国君，就远远不像孔子那样恭敬。孔子即使面对的是窝囊的昭公、憋屈的定公、可怜的哀公，都以礼相待，自言"事君尽礼，人以为谄也"（《论语·八佾》），不惜背负谄媚恶名。在他国，比如面对胡来而自负的齐景公、糊涂而自矜的卫灵公，孔子也尽量不伤他们的面子。对齐景公的不君，他只是含蓄地讽之以"君君"（《论语·颜渊》），对卫灵公的先军政策战阵之问，他更是以自己"未之学也"（《论语·卫灵公》）来敷衍与暗讽。

即使对一般的贵族，孔子虽然可能并无敬意，但是，仍然不妨碍他对他们身份上的尊敬。"畏大人"是他所说的"君子三畏"之一，竟然紧跟在"畏天命"之后而列在"畏圣人之言"之前，并明确表示只有小人才会"狎大人"（《论语·季氏》）。

但孟子偏偏就是"狎大人"的。他放言："说大人，则藐之，勿视其巍巍然。"（《孟子·尽心下》）你当然可以说孟子说的"大人"不是孔子说的"大人"，但是，你又能找出两者之间什么本质的不同？孟子说的让他瞧不起的"大人"是住高楼大厦，吃山珍海味，般乐饮酒，驱骋田猎，这样的生活方式，"皆我所不为也"，孔子时代的"大人"岂不也是如此？孟子接着说："在我者，皆古之制也，吾何畏彼哉？"——我拥有的，是文化，是道德，我凭什么要敬畏他们？我们简直可以把这句话看成是孟子对孔子"畏大人"的直接反驳。

《论语·乡党》说孔子："君命召，不俟驾行矣。"我们来看看孟子对于君的命召是什么态度——一天早晨，孟子穿戴整齐正打算去朝见齐王，齐王派人来传话说："我本来应该去看望你，但是感冒了不能受风寒。不知您今天能否上朝，让我见到你？"按说孟子本来就要去，但孟子却回答说："对不起，我也感冒了。"不去了。

第二天，孟子要外出到齐国大夫东郭氏家里吊丧。学生公孙丑说："昨天，您以有病为由不朝，今天却去吊丧，恐怕不太好吧？"孟子眼睛一瞪说："昨天有病，今天好了，不可以吗？"去了。

他刚走，齐王派来问候病情的使者带着医生来了。孟家老二只好应付来人说："昨天俺哥有病，不能到朝廷去。今天病有好转，已经去朝堂了，我不知道这会儿到了没有。"同时悄悄打发人分头到路上去拦截孟子，让他赶快到朝堂去。孟子还是不去，他去了齐国大夫景丑家里。

景丑埋怨孟子不尊敬齐王，孟子为自己辩护，说不过孟子的景丑最后搬出了周礼："礼曰：'父召，无诺；君命召，不俟驾。'固将朝也，闻王命而遂不果，宜与夫礼若不相似然。"

孟子如何回答？孟子说："那只是一种说法罢了！你知

道还有一种说法吗?那就是:'彼以其富,我以吾仁;彼以其爵,我以吾义。吾何慊乎哉?'"——凭什么要我去见他?!①

孔子畏大人,孟子藐大人。谁对?

孔子体现的是一个人对于他人的谦卑,孟子张扬的是道义对于权势的优越。

孔子在做自己,孟子已化身为道义。

面对各路诸侯,孟子有一种道德的傲慢。当然,孟子更是觉得自己代表了道,道何能屈从势?势不若德贵,财不若义高。孟子坚持的,其实是一种原则,一种对于政治来说,不可或缺的原则。

在被孟子教训的诸侯里,齐宣王和他算是最为融洽的。孟子最好的最有政治学创意的谈话,都发生在和齐宣王之间。这个齐宣王,德行不错,悟性也好,能跟得上孟子的思路,还能很好地解决孟子生活上的一切问题。我们来看看他和孟子之间的一次谈话,这是中国政治史上一个非常重要的典故,记载在《孟子·梁惠王上》里:

---

① 此则故事详见《孟子·公孙丑下》。

> 齐宣王问曰:"齐桓、晋文之事,可得闻乎?"
>
> 孟子对曰:"仲尼之徒,无道桓、文之事者,是以后世无传焉;臣未之闻也。无以,则王乎?"

齐宣王忠厚,但不笨,有时也有一些心机,他问齐桓、晋文之事,表面上是在谈历史,实际上却是在借历史表明自己的"所欲":他要像齐桓、晋文一样成就霸业。可是,他知道孟子是倡"王道"而反"霸道"的,如果直接要孟子和他谈谈霸道,一定会被孟子鄙视和责骂,于是他把这种想法打扮了一番,以谈历史人物的面貌出现,借历史反孟子。他知道孟子是个"历史控",最喜欢谈历史,说不定孟子接过话头,兴高采烈津津乐道了呢,那孟子可就中了他的圈套了。

但孟子其实早对齐宣王的内心看得一清二楚,齐宣王平时的言谈举止、国家政策,都是霸道的那一套,何况那时代的诸侯,有谁真想推广王道?强敌环伺,也容不得你慢慢搞仁政。倒是这些诸侯们认为孟子终日说王道是"迂远而阔于事情"(《史记·孟子荀卿列传》)。所以,宣王一说齐桓、晋文,孟子就明白他的真实用心了。于是,用一句"仲尼之徒,无道桓、文之事者,是以后世无传焉,臣未之闻也",孟子轻松地就把对方的招数化解了。注意,孟子这句话,实际上是绵里藏针的:"仲尼之徒无道桓、文之事者"云云,是在警告齐宣王:我是仲尼之徒,你拿这个问题问我,是失礼不敬的!但若话就此打住,语气就太生硬,太冲撞了,双方就僵住了,所以,下面又接以"是以后世无传焉,臣未之闻也",好像前面所说的,不是警告宣王,只是解释、说明自己为什么不能谈,算是给齐宣王一个面子。前面提醒齐宣王自己是仲尼之徒,不愿谈齐桓、晋文,是针;现在说自己不了解齐桓、晋文,不能谈,是绵。

但我们知道,实际上这个借口是孟子编造的,仲尼之徒何尝不谈齐桓、晋文?《论语》中孔子和弟子就多次谈及齐桓、晋文和管仲,并以"正而不谲"(《论语·宪问》)许齐桓,以"仁"许管仲。这一点,齐宣王未必不知道,但孟子既已这样严肃地说,他又如何能较真。看《战国策》中齐宣王的形象,笨或许有些,但厚道是真厚道。这样厚道的人,不会因为较真而与人顶撞。

孟子化解了对方的进攻后,顺势乘虚而入:"无以,则王乎?"——不能谈霸道了,我们今天谈谈王道如何?一下子把主动权、话语权都抢了过来。孟子的这种做法,倒真有些"霸道",这正是他的一贯作风。

(宣王)曰:"德何如,则可以王矣?"

可见齐宣王对孟子的"王道"主张及其内涵是了解的。一个"德"字,齐宣王就抓住了本质,使得谈话在应有的脉络下延展,这就是为什么孟子和齐宣王谈话,往往能够深入的原因。所谓谈话投机不投机,就是能不能接得住别人的话头,理解不理解对方的机锋。齐宣王一个"德"字拎出来,话头就对了。

（孟子）曰："保民而王，莫之能御也。"

　　（宣王）曰："若寡人者，可以保民乎哉？"

　　（孟子）曰："可。"

　　齐宣王当然不甘心就这样轻易让出话题控制权，在孟子提出"保民而王"的正面主张后，他突然问了一句："若寡人者，可以保民乎哉？"这句话又是一个圈套：他知道孟子对他个人道德评价是不高的，所以，他问这个问题，就是相信孟子一定会给出一个否定的回答，因为孟子一直在否定他的德行和政策。而一旦得到否定的回答，他就可以乘机脱身而去：既然我的资质不能保民而王，我还是逞武而霸吧！

　　齐宣王其实一直是以自我否定、自我贬低的方式来拒绝孟子对他的高水平要求的，这次也不例外。但他万万没想到孟子的回答那么干脆利落："可。"这一下子就堵住了他的退路。孟子岂是容易落入圈套的？

　　当然，这一声"可"的回答，也不仅仅是孟子的权宜之计，而是孟子的一贯主张。主张人性本善的孟子，在被问到"人皆可以为尧舜，有诸？"时，答曰："可。"（《孟子·告子下》）。孟子回答的"可"，也就是"人皆可以为尧舜"的"可"。当然，这一"可"，不是"行"，而是"可能行"，只是一种可能性。孟子所肯定的也只是可能性，而不是现实性。

　　（宣王）曰："何由知吾可也？"

五 以羊易牛：中国人的人性与道德

这句话里的恼羞成怒，是我们今天虽然隔着两千年而仍能感受到的。齐宣王显然对孟子的武断自负很是厌烦，比自己被对方识破、脱身的后路被堵更为恼火。——你凭什么说我行？

这确实是一个根本性的问题，是一个真正的大问题。如果我们把这个问题延展开来，其实是这样的一些问题：为什么说人是可以变好的？为什么说人是有尊严有体面的？为什么说生活可以是合乎道德的？为什么人可以有更好的活法？人类为什么可以超越万物成为万物之灵长？

这是什么问题？这是伦理学的核心问题。

为此，孟子讲了一个故事，也就是齐宣王以羊易牛的故事。这也是我本章要讲的、有关孟子的典故。孟子讲道：

> 臣闻之胡龁曰："王坐于堂上，有牵牛而过堂下者，王见之，曰：'牛何之？'对曰：'将以衅钟。'王曰：'舍之！吾不忍其觳觫，若无罪而就死地。'对曰：'然则废衅钟与？'曰：'何可废也，以羊易之。'"

齐国大夫胡龁告诉孟子，有一天，齐宣王坐在朝堂之上，有一个人牵着一头牛从门前经过。齐宣王看见了，就问："把牛牵到哪里去呢？"牵牛人回答："牵去衅钟（古代器物铸成，最后一道工序是用牲口的血涂抹在器物表面的那些缝隙上，用以祈祷器物吉祥，这种仪式叫衅）。"

一头活生生的牛，在齐宣王面前被拉去宰杀，齐宣王突然于心不忍,说:"放了它吧。我受不了它颤抖的样子,它没犯什么错就要被杀。"

牵牛的人说:"那今天的衅钟仪式不做了?"

齐宣王说:"那怎么可以!你去拉一只羊来换了它吧。"

故事到这里就完了。因为这是齐宣王自己的事,孟子转述给他,然后还要确认一下,就问齐宣王:

不识有诸?

齐宣王说:

有之。

齐宣王肯定确有此事发生。而孟子,则从中得出了一个结论:

是心足以王矣!百姓皆以王为爱也,臣固知王之不忍也。

也就是说,在这一个故事里呈现出来的,齐宣王对那一头牛的同情心恻隐心,就可以使他实行王道。为什么呢?因为孟子从中看出了普遍存在的人类的恻隐之心,而这恻隐之心,是人性本善的最好证明。

但是,这里还有一个问题必须厘清,那就是:齐宣王在救了一头牛的同时,却又把一只更加无辜的羊害了。所以,一般人在这个故事里，看到的不是人的恻隐之心，而是人的悭吝之心。就像齐国的老百姓在听到这个故事后，得出的结论与孟子不同，他们认为齐宣王是吝啬。

　　王曰："然。诚有百姓者。齐国虽褊小，吾何爱一牛！即不忍其觳觫，若无罪而就死地，故以羊易之也。"

　　我们相信齐宣王这里所说的话，这也是他当时的真实心理。出于恻隐之心放了那头牛，是他这个行为的真实动机。但是，问题在于，齐宣王为什么不同情那只羊呢？要说无辜，它不是更加无辜吗？

　　（孟子）曰："王无异于百姓之以王为爱也。以小易大，彼恶知之！王若隐其无罪而就死地，则牛羊何择焉？"

　　恻隐之心似乎不能同时解释齐宣王对牛羊的不同态度，而用以小易大吝惜财产这个理由则可以。这就是齐宣王的死穴。他无法向别人解释自己的行为，以至于他自己都不能向自己解释这个以羊易牛的行为。他确实是出于恻隐之心救了牛，但他无法解释为什么他对那只可怜的羊没有恻隐之心。

　　王笑曰："是诚何心哉！我非爱其财而易之以羊也，宜乎百姓之谓我爱也。"

齐宣王的意思是：我确实不是出于吝啬而以羊易牛的，而老百姓说我吝啬也是有道理的。这到底是怎么回事？

齐宣王的困窘，其实正说明逻辑并不能够解释一切事实。而逻辑不能到达的区域，往往就是人类的心理。

（孟子）曰："无伤也，是乃仁术也，见牛未见羊也。君子之于禽兽也，见其生不忍见其死，闻其声不忍食其肉，是以君子远庖厨也。"

果然，孟子从心理方面入手了。从这里入手，会非常简单：见牛未见羊也！见了，心理就变了；没见，心中波澜不惊。见到的牛，是活生生的生命，在自家面前觳觫；没见到的羊，是抽象的羊，几乎就是一个概念。虽然理性会告诉我们那也是生命，但是感性上没有感觉的生命，其实就不是生命——生命，就必须是活生生的活泼泼的。抽象地告诉人们非洲饥荒饿死了多少人数，往往并不能够打动人——人数不是人。这话不合逻辑，违背理性，但它是真实的心理。但给人一张照片：一个快要饿死的孩子旁边，等着一只准备在孩子死掉后去啄食他的秃鹫（凯文·卡特摄影作品《饥饿的苏丹》），人马上就会感到触目惊心。是的，触目才能惊心。2015年9月2日，在土耳其博德鲁姆海岸，两艘前往希腊科斯岛的移民船沉没，造成至少11名叙利亚移民溺水身亡。我这么说，你会有多么强烈的感觉吗？但给你看一张照片就不一样了：一个身穿红上衣、蓝色短裤的溺毙男童被冲到岸边，脸部朝下埋在沙中，身体不断被海浪拍打——英国广播公司（BBC）报道，地中海边一名渔民发现小男孩的遗体。这名渔民说："我来到海边看到遗体，我很害怕。我的心都碎了。"是的，眼睛看到，心才碎了。这张照片瞬间传遍欧洲，震撼国际社会，直接导致欧洲向难民敞开大门。

所以，当初很多人批儒评法，批孔孟之道，说孟子这种"君子远庖厨"是虚伪，其实，从心理学角度讲，多少人能够不虚伪地去吃肉！吃肉的人很多，但是，敢于自己宰杀牲口的人，下得去手的人，少之又少，这不是虚伪，是真实的善良的人性。见其生不忍见其死，闻其声不忍食其肉，是普遍的心理现象，更是人性善良的鲜明体现。孟子用这种心理，来帮齐王摆脱困境，不仅显示出他对齐王的理解，更显示出他对人性的深刻理解。

> 王说曰："《诗》云：'他人有心，予忖度之。'夫子之谓也。夫我乃行之，反而求之，不得吾心；夫子言之，于我心有戚戚焉。此心之所以合于王者何也？"

齐王显然非常感动。但他有一件事不明白：为什么有这样的恻隐之心，就能实行王道，推广仁政？

在孟子看来，恻隐之心，是伦理和政治的前提。有了恻隐之心，才能有好人，有了好人，才能有好的政治——好人不一定就能组成好的政府，也不一定能弄出好的政治，但是，好的政治，来自好人的好的愿望，这是一切的前提。所以，孟子一定要坚持人性本善,因为人性的善,才能有道德的善,才能有政治的善。这就是孟子著名的"四端说"或"四心说"。

《孟子·公孙丑上》说:

> 无恻隐之心,非人也;无羞恶之心,非人也;无辞让之心,非人也;无是非之心,非人也。恻隐之心,仁之端也;羞恶之心,义之端也;辞让之心,礼之端也;是非之心,智之端也。

《孟子·告子上》说:

> 乃若其情,则可以为善矣,乃所谓善也。若夫为不善,非才之罪也。恻隐之心,人皆有之;羞恶之心,人皆有之;恭敬之心,人皆有之;是非之心,人皆有之。恻隐之心,仁也;羞恶之心,义也;恭敬之心,礼也;是非之心,智也。仁义礼智,非由外铄我也,我固有之也,弗思耳矣。

其实,人性问题不是一个科学问题,而是道德问题,并且由此成了制度问题。黑格尔曾经讲过一句很经典的话:"当人们说人性善的时候,人们是说出了一种伟大的思想;但是不要忘了,当人们说人性恶的时候,是说出了一种更加伟大的思想。"[②] 值得注意的是,黑格尔并没有说人们说人性善或说人性恶是说出了一种"事实",他说的是人们说出了一种"思想"。黑格

---

② 参见恩格斯《路德维希·费尔巴哈和德国古典哲学的终结》一文第二节。

尔可能在给我们暗示：我们说人性善也好，说人性恶也好，我们说的都不是一个事实，而是一种价值——对人性善恶的理解和信念能够给我们带来伦理和制度建设方面的基础性的思考。

③

在中国的传统文化中，主流的人性论认为人性是善的，中国古代启蒙读物《三字经》，开头的两句就是"人之初，性本善"，人性本善的这一种认知，实际上是中华民族的选择。这种观点来自什么人？来自孟子。

在孟子的时代，关于人性的问题大概有四种观点：一种就是孟子讲的人性本善；还有一种比孟子稍微晚一点，是荀子讲的"人之性恶，其善者伪也"（《荀子·性恶》）；和孟子同时期的还有一位告子，他说人性没有善恶，善恶都是由后天环境引导的，属于后天习得；第四种观点，认为有的人人性善，有的人人性恶。

事实上，孟子实际上并没有能够从科学和逻辑的角度证明人性本善为一事实。孟子为了证明人性善，几乎是用尽了所有的方法，包括刚刚讲到的"以羊易牛"这个典故。我在多年以前写过一篇文章，题目叫《孟子的逻辑》[③]。在这篇文章里面，我列举了孟子著作里面所出现的种种逻辑上的混乱和错误。孟子是一个非常有正义感的人，是一个非常有激情的人，但是孟子在逻辑问

[③] 见《随笔》杂志2002年第2期，后收入《天纵圣贤》，中国青年出版社2006年出版。

题上确确实实出了很多的错误。在《孟子的逻辑》这篇文章里我也提到，孟子对于人性本善的那些论证实际上都是属于不完全论证，也就是说，孟子并没有能够证明人性本善。我们知道，比喻不是一个论证的方法，但是，孟子有的时候就用比喻来论证。告子曾经说过这么一段话：人的本性没有善恶，就像水不分东西一样，挖开东边它就往东边流，挖开西边就往西边流，水是往东流还是往西流，不是水的本性决定的，是由外力的引导决定的。从孟子转述的告子的这段话来看，应该是告子先有了这样一个观点，然后用水的不分东西来予以说明。用比喻来说明是可以的，比喻本来就是一种修辞方法。但是孟子接过告子的话题，用比喻来论证，那就出问题了。

告子曰："性犹湍水也，决诸东方则东流，决诸西方则西流。人性之无分于善不善也，犹水之无分于东西也。"

孟子曰："水信无分于东西，无分于上下乎？人性之善也，犹水之就下也。人无有不善，水无有不下。"(《孟子·告子上》)

孟子说：水确实不分东西，但是，水难道不分上下吗？应该说，孟子指出这一点真的是非常有智慧，孟子看到了水往东流往西流不是本质，水往下流才是本质。在这一点上，孟子确实很厉害，而且他这一句话就可以驳倒告子。但是接下来孟子用水一直往下流来证明人性本善，这个论证就不成立了。孟子的原话是这样："人无有不善，水无有不下。"我们来看看这一句话，他说人性没有不善的，就像水没有不往下流的一样。在这个论证里面，有两个问题：第一，水往下流，今天的科学，地心引力的学说已经证明了，水往下流也不是水的本性，仍然是有外力的影响。当然这一点我们可以原谅孟子，因为孟子毕竟生活在万有引力发现之前。但是，无论事实层面还是逻辑层面，"水无有不下"，与人性之方向并无任何关系。其二，"水无有不下"，至多只能够说明人性有一定的方向，而不能够证明人性有特定的方向。我们把孟子的原话改动一个字试试，把孟子极力证明的"善"改为他极力反对的"恶"——"人无有不恶，水无有不下"，不也可以吗？甚至，根据孔子讲的"君子上达，小人下达"（《论语·宪问》），子贡的"君子恶居下流"（《论语·子张》），向下流的水，与人性之恶，倒有着更多的可比性。

孟子在证明人性本善的时候，除了用比喻论证之外，还用一些类比证明，比如他说人类的眼睛有对于美色的共同的爱好，耳朵有对于音乐的共同的爱好，口腹有对于美味的共同的爱好，由此，他说人心也一定有一个共同的爱好，并且这个爱好就是善，就是义。显然，这同样是不成立的证明。

孟子还用了一些经验加以论证，我们知道，经验论证属于举例论证，举例论证实际上也不是一个完全的论证方法。

严格地说，孟子并没有能够从逻辑和科学的角度证明人性本善。

但是孟子非常坚定地认定人性本善。孟子为什么一定要如此坚持一个他自己拼命去证明而又没能证明好的观点呢？

其实，孟子的这个思路，不是一个科学家的思路，而是一个思想家的思路，是一个伦理学家的思路。他真正要表达的意思是：相信人性本善，是"好"的，而并不是说人性本善是"真"的。"人性本善"是一个"好的"信念，而不是一个"真"的事实。

为什么"人性本善"是一个"好的"信念呢？因为这种信念可以解决一个非常重要的伦理学的问题——"前道德问题"。

什么叫"前道德问题"？我来简化一下。对于道德问题，我们可以把它简化成这样一个命题：我要做一个好人。那么，"前道德问题"就是：我为什么要做一个好人？也就是说，社会必须回答人们为什么要做好人的问题，然后才能够让人们心服口服地去做一个好人——你只有先告诉我们为什么要做一个合乎道德的人，然后才能要求我们合乎道德。这个"为什么"的问题，就是"前道德问题"，"前道德问题"就是"为什么合乎道德"的问题。

但这是一个很难回答的问题。因为理性的人往往是自私的人，自私的人会问：合乎道德对我有好处吗？我做一个好人，对他人有好处，是显而易见的；但是，对自己有好处，却是充满问题的。因为我们经常看到，好人不仅在当下意味着更多的付出与牺牲，而且很可能并没有可预期的"好报"。

孔子的学生子路就曾经对"好人有好报"产生过非常严重的

五 以羊易牛：中国人的人性与道德

怀疑，甚至出现严重的信仰危机。子路跟着孔子四十多年，可以说是忠心耿耿，非常坚定，孔子对于子路的坚定也曾经是毫不怀疑。有一次，孔子很感慨地说，假如哪一天，我的大道行不通了，我一个人乘着一个小木筏到大海上去的时候，可能只有一个人跟着我，那就是子路。（《论语·公冶长》）孔子对于子路在道德上的坚定，以及子路对他本人的忠诚，是毫不置疑的。但是就是这么一个人，在后来周游列国的过程中，在碰到很多困难的时候，给孔子提出了一个非常严峻的问题："君子亦有穷乎？"（《论语·卫灵公》）子路这句话的潜台词就是：做好人难道没有好报吗？

当子路把这个问题抛给孔子的时候，孔子内心一定受到了很大的震撼。他突然发现，原来子路的道德信念是建立在"好人有好报"的基础上的，这样的基础是不牢靠的。这种不牢靠，还不仅是"好报"的不牢靠，从根本上说，一个人冲着"好报"去做好人，这是真的有信念吗？

此刻，孔子可以选择告诉他：好人有好报，别着急，等着吧。如果孔子选择这样告诉他，最后孔子必须创立一个宗教，因为把"好报"后置后推的最后结果，就是把它推到死后，于是就必须建立一个死后的世界：彼岸世界。彼岸世界的建立，标志着宗教创立的完成。而彼岸世界的价值，就是纠正此岸世界的偏差，给人们的道德状况一个最终的、公平的果报。

但孔子没有这样做，而是选择直接戳破道德的真相，打破子路的迷茫，然后重新建立子路信仰的基础。他直接给子路当头一棒："君子固穷"——做好人本来就没有好报。问题是没有好报你也要做好人。

东西方文化走向不同方向的最大分野，就在这一瞬间决定了。

但是这里有个问题。孔子可以跟子路讲这样的话，因为子路毕竟跟随孔子这么多年，算是圣贤之人。对圣贤之人，按照孔子的话"君子喻于义"，你可以给他讲道理，他服从于道理，他可以不要那个利。但是普通的老百姓是"小人喻于利"，你对子路说君子固穷，好人没好报，子路可能还仍然做好人，但普通人呢？

道德问题包含一个悖论，这个悖论是：第一，道德行为不能有利益上的追求，并且实际上道德行为也并没有一个预设的好报。第二，当道德行为没有利益回报的时候，大多数人就不会选择做道德的行为。

既不能有利益，又不能没有利益，这就是悖论。

如何解决这个悖论，是伦理学的困境。如果不解决这个困境，人类根本没有办法建立人类自身的道德基础。

解决这个问题的一种方法是宗教：把这个问题交给神。如上所言，把"好报"推到来生，用彼岸世界来平衡此岸世界的不公。

悖论本来是不能并存之论，但是一条鸿沟划开，一个论在此岸，一个论在彼岸，就可以同在：在不同的时空，它们可以相安无事。所以这是一个非常彻底的解决方法，也是一个非常纯粹的解决方法。

但是，中华民族是一个没有全民宗教信仰的民族，那么，我们中国人靠什么来解决前道德问题？

孟子特别推崇的孔子，并没有创立宗教，他只是述而不作，

五 以羊易牛：中国人的人性与道德

依靠传统文化，建立一套世俗的价值系统。简言之，孔子创立的不是教派，而是学派。那么，孟子如何解决这个历史交给他的问题呢？

孟子的回答很简单，那就是：人性善。我们为什么要做好人？孟子答：因为你是人。人为什么必须做好人呢？孟子答：因为人的本性就是善的，做好人是符合你的本性的，所以做好人就是做你自己，做好人才是做人，不做好人就不是人。这里暗含着孟子对我们的反问：你是人吗？

所以孟子的解决方法也非常简单，他把做好人和做人合二为一了，因为人的本性是善的，所以要做人就必须做好人，不做好人就不是人。

孟子确立"人性善"，就是为我们这个没有宗教的民族确立我们自己独特的道德基石，使我们照样可以实现道德的自我完善。

以人性本善为基础，孟子把人分成了三个层次：普通人；这些普通人的两个取向——往上走叫圣贤，往下走叫禽兽。孔子说"君子上达，小人下达"（《论语·宪问》），到了孟子，就落实了，一般人处在可上可下之间，往上走就是君子，往下走就是小人。

孟子认同"人皆可以为尧舜"（《孟子·告子下》），即做人都可以做成像尧舜这样的人，为什么？因为我们所有人的本性都跟尧舜一样是善的，我们有共同的基础，我们有共同的前提。尧舜能做到的，为什么我们做不到？孟子还借颜回之口，说道："舜，何人也？予，何人也？有为者亦若是。"（《孟子·滕文公上》）所以人皆可以为尧舜的前提就是人性本善。人性本善的信念，给了我们道德上的自信，给了我们一个上进的基础，甚至给了我们一个上进的理由，或者说他否定了我们不上进的借口——既然人性本善，你为什么不可以做尧舜？如果你认为你做不成尧舜，那就是自暴自弃。"自暴自弃"这个成语是孟子创造的，他指的就是这些自甘堕落不愿意在道德上提升自己的人。

孟子还有一句名言，叫"人之所以异于禽兽者几希"（《孟子·离娄下》）。就是说人和禽兽相比，差距非常非常小，就那么一点点。这一点点的不同是什么呢？就是人性中的善。关键在于，这一点点的善心，"庶民去之，君子存之"（《孟子·离娄下》）。所以孟子在这个地方也有一句潜台词：假如我们否定人性本善的话，那实际上就是把人看成和动物一样了。"人之所以异于禽兽者几希"这句话，我们可以把它推导一步，人和禽兽之间只有那么一点点的差别，如果连这一点点的不同都丧失了，那我们就变成禽兽了！所以我们可以根据"人皆可以为尧舜"的句式造出另外一个句子来："人皆可以成禽兽。"成尧舜和成禽兽，关键问题就是你是否坚持你人性中的善，是否相信你人性中的善，是否发扬你人性中的善。

前面我们说过，孟子没有从科学和逻辑的角度证明人性本善，

五 以羊易牛：中国人的人性与道德

但是，我要说明一下，这其实不是孟子的问题。人性的善与恶，本来就不是一种事实的存在，而是一种信念的存在。孔子曾经讲过一句很有意思的话："仁远乎哉，我欲仁，斯仁至矣。"（《论语·述而》）仁德这种看起来很高的境界，离我们很远吗？不，只要我要，它就出现了，它就实现了——"实现"，就是实实在在地出现了，就是"实在"了。中国普通老百姓也常说，一念之间是善人，一念之间是恶人。一念之间，善恶就"实在"了。所以善恶实际上是一种信念。

所以，孟子对于人性善的终极证明，不是在证明有没有，而是在反问我们信不信。这个世界有没有善不重要，重要的是我们相信不相信这个世界有善。人性善否，不是一个事实问题，而是一个信念问题。假如我们有了这个信念，这个善就存在，假如我们没有这个信念，这个善就消失了。所以人性善不善不是一个问题，我们信不信才是一个问题。

中国人最熟悉的一个伦理学概念，大概就该是"仁义"了。孔曰成仁，孟曰取义。但孔子并没有对此作出论证。在他看来，这是信仰问题，当然无须论证。但是，一个如此重要的道德基础问题，是必须要被论证的。这个任务由孟子完成了。

孟子曰："鱼，我所欲也；熊掌，亦我所欲也。二者不可得兼，舍鱼而取熊掌者也。生，亦我所欲也；义，亦我所欲也。二者不可得兼，舍生而取义者也。生亦我所欲，所欲有甚于生者，故不为苟得也；死亦我所恶，所恶有甚于死者，故患有所不辟也。

如使人之所欲莫甚于生，则凡可以得生者，何不用也？使人之所恶莫甚于死者，则凡可以辟患者，何不为也？由是则生而有不用也，由是则可以辟患而有不为也，是故所欲有甚于生者，所恶有甚于死者。非独贤者有是心也，人皆有之，贤者能勿丧耳。"（《孟子·告子上》）

简言之，孟子证明"舍生取义"，不是证明这是"必然"的，而是说明它是"必须"的。他告诉我们，假如在二者不可得兼的情况下，人类不确立"舍生取义"这样的原则，则必然堕落无下限。孟子用两个假设，两个反问，证明了这么伟大的伦理学命题。中华民族，不靠上帝，不靠神仙皇帝，仍然是一个体面的民族，一个道德的民族，一个受人尊敬的民族，靠什么？夸张一点说，就是靠孟子的这一段话。这是中华民族道德体系深处最核心的一段文字，它也是人类最伟大的有关自我尊严的文字。这段文字，在我看来，古今中外，无与伦比。

六 庄周梦蝶：中国人的人格与自由

> 昔者庄周梦为胡蝶,栩栩然胡蝶也。自喻适志与,不知周也。俄然觉,则蘧蘧然周也。不知周之梦为胡蝶与?胡蝶之梦为周与?
>
> ——《庄子·齐物论》

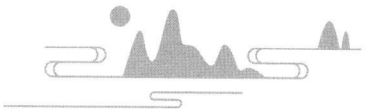

1

春秋时代整体来讲还是一个礼仪的时代,虽然孔子曾评价这个时代礼坏乐崩,但是当时礼仪的影子还在,人们对礼仪还有敬重,人们做事的时候还把礼仪作为一个标准来衡量。子贡想去掉鲁国每月初一祭祖庙的那只活羊,孔子就说:"赐也!尔爱其羊,我爱其礼。"(《论语·八佾》)礼仪的形式还在,还在提示人们一种文化、政治与道德上的价值。《左传》里动辄出现"非礼也",全书有五十多处。既然批评人们"非礼",感叹礼坏乐崩,说明这个标准还在,只不过是很多人不按照这个标准做而已。

可是到了战国的时候,就已经没有人再说起"礼坏乐崩"这个词了。《战国策》里,连一个"非礼"的抗议声也没有了。为什么?因为人们已经不知道什么叫礼,什么叫非礼了,也不在乎什么非礼了。

顾炎武在《日知录·周末风俗》中说:

> 如春秋时犹尊礼重信，而七国则绝不言礼与信矣；春秋时犹尊周王，而七国则绝不言王矣；春秋时犹严祭祀、重聘享，而七国则无其事矣；春秋时犹论宗姓氏族，而七国则无一言及之矣；春秋时犹宴会赋诗，而七国则不闻矣；春秋时犹有赴告策书，而七国则无有矣。邦无定交，士无定主，此皆变于一百三十三年之间。史之阙文，而后人可以意推者也。不待始皇之并天下，而文武之道尽矣！

顾炎武这段话的最后一句，是叹息，也是总结：不是秦始皇灭绝了"文武之道"，是"文武之道"灭绝了，才释放出秦始皇这样的暴君。

何为战国？就是在这个社会里，礼仪在人们的观念里没有了，国家唯一的功能，就是打仗，就是战争。所以，这个时代的国，叫"战国"。"战国"与周天子分封的国，已经完全不同，已经没有了当初的道德属性。这样的无德之国，我们就称之为"战国"；这个混战的时代，我们就称之为"战国时代"——由一批整天争战的国家主导的时代。在这个时代能够纵横捭阖的，就是那些有作战能力、天天打仗、时时打仗的国家；这样的国家有七个，就是所谓的"战国七雄"。

如此的大崩溃不是孔子能预料的，但是，他也为这个时代准备好了智力和德性，从而让这个至暗的时代还有光荣与光芒。这光荣与光芒，就是诸子百家，包括他们的个性和思想。这些人中，如果说最光芒万丈的，是孟子，那么最深邃千寻的，就是庄子；

六 庄周梦蝶：中国人的人格与自由

如果说最壁立千仞的，是孟子，那么最汪洋恣肆的，就是庄子。对这个时代，热讽的是孟子，冷嘲的是庄子；走上去鞭挞的是孟子，走远了谩骂的是庄子。

庄子在一个黑夜里、在他的土屋中想象并描写了距他两百年前的孔子的杏坛。他透过四围的黑暗，看到了两百多年前的光圈，这光圈里是孔子和他的一群弟子。他肯定意识到了，孔子的私学，是历史新篇章的开幕。孔子而下，历史进入江湖时代：以老子为代表的王官之学退场，孔子开创的二心私学进驻，由是诸子纷纷，豪杰蜂起。三寸不烂之舌，抵掌而谈；九州幅裂之际，脱屣相背。一切结束，一切开始。

《庄子·天下》曰：

> 天下大乱，贤圣不明，道德不一，天下多得一察焉以自好。譬如耳目鼻口，皆有所明，不能相通。犹百家众技也，皆有所长，时有所用。虽然，不该不遍，一曲之士也。判天地之美，析万物之理，察古人之全，寡能备于天地之美，称神明之容。是故内圣外王之道，暗而不明，郁而不发，天下之人各为其所欲焉以自为方。悲夫，百家往而不反，必不合矣！后世之学者，不幸不见天地之纯，古人之大体，道术将为天下裂！

我还记得年轻时读到这段话最后一句时的击节而叹。我感受到了庄子写出最后一句时内心汹涌的悲情。天下的时代没了，国的时代来了。天下一体的学问没了，道没了，分裂而为自以为是、往而不返的百家众技;"天下"没了,分裂而为各自为政又互相攻伐的"国"。这时的"国",不再是"天下之国";这时的天下,恰恰是"国之天下"。"天下之国",是"以国为天下";"国之天下",则是"以天下为国"。"天下"的主题词,是王道,是仁义;"国"的主题词,是霸道,是利害。天下的时代,国家的目标与功能,是安顿天下;国的时代,国家的目标,则是吞并天下。

孟子曾经用十二个字来评价这个时代:"圣王不作,诸侯放恣,处士横议。"(《孟子·滕文公下》)这十二个字里面描述了三种人:王、侯、士。王是"圣王",以示"文武之道";侯是"诸侯",以示其纷纷攘攘;士是"处士",以示其不官不仕。"圣王不作",周天子没有了,天子已经完全不在现实政治生活中发生任何影响;"诸侯放恣",天子没了,诸侯就开始胡作非为无恶不作,肆无忌惮,恣意妄为。但是,诸侯虽然是这个时代最活跃的角色,却不是这个时代的光彩,更不是这个时代的光荣。这个时代的光彩与光荣,属于士。是的,这个时代,有两个主角:诸侯和诸子。诸侯有刀枪炮火,故"放恣",想怎么做就怎么做,他们在争霸,争土地、城池、子女、玉帛;诸子有笔墨口舌,故"横议",想怎么说就怎么说,他们在争论,争鸣,争论仁义、道德。

诸侯的争战,分裂了天下,瓦解了传统。而诸子的争论,则重建了文化,奠定了后世的基本价值观。

庄子(约公元前369年—公元前286年)和孟子(约公元前

372年—公元前289年）都是这个时代的人，两个人年龄相当。比他们再大一些的，有商鞅（约公元前390年—公元前338年）。商鞅被杀之时，孟子已经三十四五岁，庄子也三十出头。这三个人几乎同时出现，庄子在南方，孟子在东方，商鞅在西方；庄子是道家，孟子是儒家，商鞅是法家。

  面对放恣的诸侯，他们的态度不一样。商鞅的态度是助纣为虐，帮着他们富国强兵，他是传统之"国"变成"战国"的推动者，甚至直接成为战车的驾驭者。诸侯"争地以战，杀人盈野；争城以战，杀人盈城"（《孟子·离娄上》）。在法家眼里，慈悲怜悯同情心都是人性中无用有害的东西，是幼稚的表现，阻碍人们走向成功。而孟子对待诸侯的态度，是教导他们，引导他们为善。面对"今夫天下之人牧,未有不嗜杀人者也"（《孟子·梁惠王上》）的现状，孟子不愿放弃这个黑暗的世道，也不愿放弃这些堕落的"罪人"。儒家总是一副热心肠。孟子和孔子一样，"知其不可而为之"，希望用自己的力量来纠正世道的荒谬。他们每天在诸侯的身边喋喋不休地劝导，要他们有些仁义——这确实有法家鄙视的幼稚和道家嘲笑的天真，但是，他们这么做，从某种意义上说，是他们关心这个世界，更是这个世界关乎他们的内心；他们如此坚持，不是他们认为他们可以改变世界，而是良心所在,不得不为。如果他们不能放弃良心，那就不能放弃世界。大慈悲者，往往如此。

2

庄子，在这个处士横议的时代，与商鞅、孟子鼎足而立。他的议论汪洋恣肆，仪态万方，而且一空依傍，无所避忌，自唐尧虞舜以至商汤文武、周公孔圣，靡不在其戏辱之列。他眼中，历史何时有过正义，现实何处还有庄严，芸芸众生哪个会有仁义，滚滚红尘何曾出过圣贤。他一生不合作，拒绝做牺牲，宁做曳尾之龟，不惜槁项黄馘。他真正当得起是"处士"——没有失身的士。

《史记·老子韩非列传》说庄子"与梁惠王、齐宣王同时。其学无所不窥，然其要本归于老子之言"。在中国，老庄并称一如孔孟连及。庄子固然尊敬孔子，但他最为向慕的，还是老子。

道家历来都认为自己的智慧超越儒家。从心理学角度而言，凡是超脱世事者，甚至从某一具体事务、事件中抽身脱逸出去的人，都认为自己有了终极性判断，并进而认为自己拥有当局者不具备的大觉悟。质言之，袖手者总可以旁观，不仅旁观，还可以冷言冷语。孔子周游列国的时候，他和弟子们就经常遇见这类人物。他们嘲讽的，不是孔子的伦理责任感；他们讨论的，也不是孔子对现实的态度对不对。他们着眼于孔子的做法值不值。所以，他们不攻击孔子的道德，而是嘲笑孔子的智慧——他们奚落孔子对世事可否的判断力。

庄子就是这类人物的后代。他们知道有些时候努力会白费，所以他们就选择了另外一种态度和方法：干脆就不努力，避世而去。儒家是避人，孔孟都对当世国君挑三拣四，但道家是直接避世,把整个世界都放弃了,所以我们看到老子出关。庄子没有出关,但庄子"陆沉"——《庄子·则阳》:"……方且与世违而心不屑与之俱。是陆沉者也……"郭象注:"人中隐者,譬无水而沉也。"而且,他比老子更决绝。对于体制,老子是身处其中而离开,庄子是身处其外而不入。身处其中而离开者,是出于失望;身处其外而不入者,是出于无望。一个是由有入无,一个是本来就无。盖庄子较之老子,对体制的道德属性更绝望,他是避世之士,而老子其实还只是避人之士——与孔子差不多。老子出关,孔子去鲁;老子远去西域而以华夏化胡,孔子欲居九夷而用君子除陋(参见《论语·子罕》)。这两人都还是想有一番作为,心中都还有一份尊崇,有一份膜拜,有一份坚守。庄子则连华夏文明也不屑。还是鲁迅看得明白:

> 故自史迁以来,均谓周之要本,归于老子之言。然老子尚欲言有无,别修短,知白黑,而措意于天下;周则欲并有无修短白黑而一之,以大归于"混沌",其"不谴是非","外死生","无终始",胥此意也。中国出世之说,至此乃始圆备。(《汉文学史纲要·老庄》)

也就是说,庄子才是真正的"出世",并且为出世准备了一套完备的理论。需要说明的是,中国传统儒道文化之"出世",并非印度佛教之"出世"。中国儒道之出世,乃是弃绝体制;印度佛教之出世,乃是跳出轮回。儒道之出世,并非出伦理,只是出体制，不是出人生，恰恰相反，是要一个更好的人生。《道德经》之小国寡民、陶渊明之《桃花源记》，都是为更好的人生而设计，都是为更好的人生而眺望，都是对强大体制的恐惧、逃避和拒绝。无论老子的"小国寡民"，还是陶渊明的"桃花源"，都是无国无君而有人伦有父子。儒道之出世，不过是拒绝公共生活影响私人生活，不使公共之责任影响个人之逍遥，不让王事之鞅掌限制个人之自由，更不愿体制之污浊亵渎个人之名节。并且，从政治体制的角度言，儒道之出世也是反对以国家之强势挤榨弱势小民的生存空间。

庄子之所以被中国人喜爱，成为影响中国人世界观、人生观、审美观的伟大人物，就是因为他与儒家强调社会责任不同，他强调个人逍遥和个性自由，这与儒家的观点正好组成人生的两翼。

有意思的是，个人逍遥本来只是一种审美境界，但是，由于秦制以后，国家体制本身的道德属性往往有"负面"色彩，就使得背离体制显得"正面"。那些对着体制背转身去的人，也往往确实是背转了体制的那一份肮脏与非人性；为此，他们还要承受巨大的物质利益损失。于是，他们的避世行为就获得了道德、政治与审美上的双重意义与肯定——道德意义是在肮脏的世界保持一份干净，政治意义是个人自由所具有的无与伦比的价值，而审美意义的获得乃是因为自由与逍遥是美的必然内涵，不可或缺。

老子庄子，都是班固所说的"道德家"，都讲道德。但是，正如孔孟都讲"仁义"，而"孔曰成仁，孟曰取义"，仁、义之间，有所侧重一样，老子庄子，于道、德之间，也有侧重：老子更侧

六 庄周梦蝶：中国人的人格与自由

重"道"，庄子更侧重"德"。重"道"者，更讲规律之不以人之意志为转移；重"德"者，更欣赏和弘扬个人意志之不可屈挠。所以，庄子讲人生应当"逍遥游"，独此一个"游"字，就为《道德经》所不见。为何不见？大道在上，规则无情，人何能游。而庄子笔下，各色人物，无不随性适意，随心所欲，林无静树，川无停流，人欢其命，物竞其生。一部《庄子》，没有一个没有生气的人，没有一个没有个性的物，就连形如槁木、心如死灰的南郭子綦，也还隐几而坐，仰天而嘘，心中装着人籁天籁，万窍怒号，不任其情。（《庄子·齐物论》）

庄子给我们写了十余万言的伟大著作，今天保存下来的还有六万五千多字。这个字数是什么概念呢？老子著作《道德经》只有五千多言，一部《论语》也不过一万六千多字，《诗经》近四万字，《楚辞》约三万四千字（与《孟子》差不多）。《庄子》是字数最多的。从这一点，我们就可以看出，庄子并不是避世，他只是避体制，他有着强烈的思想激情，而这一点，恰恰证明了他其实有着强烈的淑世情怀。他有一双冷眼，把一切都看透了。但他与儒家的孔子、孟子一样，也有一副热心肠，都要我们过好自己的人生，只不过儒家要我们过一个自为的人生，庄子要我们过一个自在的人生。

说到"自在"，道家人物可以说在某种意义上是自我放弃、自我放逐，老子出关而去，庄子选择了一辈子都待在偏僻的地方自言自语。

这就出现了一个问题，他们要付出代价：生活的艰辛。

3

先秦诸子大多数人的日子还是过得非常好的。老子是当时的大学者，在周王朝的档案馆里面任馆长。除了官俸，他还会接受贵族的请托，去为他们主持婚丧嫁娶。按照墨子的描述，这是很挣钱的业务。所以他的日子不会太差，当然出关以后就很难说了。那么孔子的日子如何？我们光看他"食不厌精，脍不厌细"（《论语·乡党》），就可以知道，这样讲究的人，一定有讲究的资本和长期讲究的历史。孔子在鲁国做官的时候，他的俸禄是"粟六万"，这是一个惊人的数字。与庄子同时的孟子，在齐国有别墅住，有官车坐，拿着上大夫（相当于今天正部级）的工资，还常常得到诸侯和大夫的馈赠——关键是，他还不用上班，没有职事烦劳。

而庄子则是辛苦万分了——我是说，他光是为了糊口养家小，就辛苦烦劳万分了。难得他还有时间思想和记录思想。对了，顺便说一句：和《孟子》相比，《庄子》不再是对话体，没有多少人和庄子说话，没有多少人值得他对他们说话，也没有多少人听得懂他的深奥的超越常识的哲学。大多数时候，庄子只是一个人在乡下冥想，然后记录他的所思所想。

《庄子》中有不少段落写到庄子的穷困，《庄子·列御寇》中这样说道：

宋人有曹商者，为宋王使秦。其往也，得车数乘；王说之，益车百乘。反于宋，见庄子曰："夫处穷闾陋巷，困窘织屦，槁项黄馘者，商之所短也；一悟万乘之主而从车百乘者，商之所长也。"

庄子曰："秦王有病召医，破痈溃痤者得车一乘，舐痔者得车五乘，所治愈下，得车愈多。子岂治其痔邪，何得车之多也？子行矣！"

这里讲到了他的挣钱方式——困窘织屦，描述了他憔悴的营养不良的模样——槁项黄馘。但曹商提供的这两个很重要的信息，被后面庄子随口编造的精彩故事遮蔽了。东汉的辞赋家赵壹写过一篇《刺世疾邪赋》，把庄子的这个故事化作了一个成语：舐痔结驷。我们知道，在古代，不是有钱就可以随便能坐车子的，坐车要有身份。那怎样拿到这个身份呢？赵壹的回答是：舔痔。这样骂人确实够狠。这个词来源于庄子，庄子对某些人确实刻薄。

这个故事，让我们更深刻地了解到庄子在这样穷困的生活中所忍受的艰苦，而也就是在这艰苦的忍受之中，显现出了他的人格——他宁愿接受这样艰苦的生活，也绝不愿意降身屈志。这是庄子的态度，也是一种个人意志，不屈不挠的个人意志。有这样的意志，个体之"德"才能超越无所不在、无所逃乎天地之间的"道"，而臻于逍遥之境。

4

翻开《庄子》，第一篇就是《逍遥游》。

《逍遥游》写什么？有人说是写"自由"。但如果要更准确地表述，应该是写"不自由"。庄子通过《逍遥游》告诉我们：什么东西使我们不自由。这才是这篇文章的主旨。

逍遥游，就是无牵无挂的自由，就是绝对自由。但是，庄子用的是这样一个词：无待。

何为待？——待者，恃也，凭借，依赖。

何为无待？——就是无恃，无所凭借，无复依傍。

人生在世，做事做人，齐家治国平天下，最习惯于待什么？待知识，待经验，待常识。

但是，庄子偏偏告诉我们，人生最不能依赖的，就是知识、经验、常识。甚至，你读他的文章，他都暗示你，不要带着成见、经验、知识进来。带着这些，你就进入不了他的思想世界。

> 北冥有鱼，其名曰鲲。鲲之大，不知其几千里也；化而为鸟，其名为鹏。鹏之背，不知其几千里也；怒而飞，其翼若垂天之云。是鸟也，海运则将徙于南冥。（《庄子·逍遥游》）

试想，带着经验和常识，我们如何能读这样的文字？经验、常识与理性，如何能容忍和接受这样的文字？哪一份知识、经验

六 庄周梦蝶：中国人的人格与自由

与常识，不都在随时阻断这段文字中的每一句表达？

是的，庄子的文字本身，即是门槛。要跨过这个门槛，进入庄子的世界，你必须把自己的经验和常识汰除一空，无知无识，无是无非，让自己成为虚空，然后方能接受庄子，不，被庄子接受。

很多人说庄子这个地方写鱼写鹏用了夸张手法，但这个世界何处有如此这般的鱼和鸟？这逼仄的世界又哪里能容得下如此巨大的鱼和鸟？这样的鱼和鸟又哪里还用得着你的夸张？这不是庄子在夸张，这是庄子在虚构。夸张是对世界上原有事物的某些属性进行恰当的夸大，而庄子笔下如此巨大的鱼和鸟，以及供这样大的鱼和鸟生存与活动的"北冥"是不存在的，庄子完全用他的想象，给我们虚构出一个鲲鹏与北冥的世界，这个世界与我们的经验世界完全不同。他就要虚构出这样一个超经验的世界来对照我们的经验世界，然后让我们对经验世界的观念产生怀疑，从而超越经验世界。庄子写得这样荒诞不经，就是要告诉我们："不经"就是没有"经验"，没有"经验"就是没有什么"经"可以拿来"验证"这样的世界。这宇宙，有一小部分是我们"经历"过或可以以"经"来"验"的，但是，这世界还有无穷无尽的地方是我们没有"经历"过，也没法用"经"来验证的。当你带着"经验"来读庄子文章的时候，你是读不懂的。要是想进入庄子的世界，你就要把经验抛到门外。

所以《逍遥游》讲的自由是什么？是无待，是无所凭依。当你有所凭依的时候，你是不自由的。只有当你无所凭依的时候，你才是自由的。禅宗有一句"口头禅"，讲得特别好："百尺竿头，更进一步。"你在依赖竿子的时候，竿子的高度就变成了你的高度，竿子的局限就变成了你的局限。所以你的高度不是由你决定，而是由竿子决定。竿子只是有限的高度，任何一个有形之物都是有限的，所以当我们依赖于一个有形之物的时候，我们就被它局限住了。什么叫"有限"？就是凡"有"都是"限"，一旦无中生出"有"，这个"有"就是被"限定"之物——只有"限"才能"有"，被"限定"是"有"的逻辑前提。于是，我们若依赖被限定之物，则被限定之物的"限"，就成为对我们的"限"。如此，我们何能自由？所以，庄子讲的自由就是无待。

我们常常被什么约束呢？被经验约束，被知识约束，被常识约束，被思维模式约束。《逍遥游》里面的斥鷃、蜩与学鸠等寓言，就是在提醒我们，若待在一个封闭的系统或模式中，一个人的认知如何被局限，从而如何用自信自负的方式表现出自大和无知。什么是不自由？很多人认为斥鷃、蜩与学鸠的生活是不自由的，因为它们的生存空间有限，他们被空间局限了。但这样理解就错了。自由要的不是物理空间的无限，自由要的是思想空间的无限。自由不是选择无限，自由是能无限选择。选择无限是寄望于一次选择即可无限，这不仅绝无可能，还会在逻辑上先行限制了自由，因为终极性思维是独裁思维，是封闭性思维。而无限选择是可以用不断的选择来打破有限的，在开放的系统中实现自由。

斥鷃、蜩与学鸠依存的物理空间固然不大，但这不是他们不自由的本质。他们不自由的本质是：局限的物理空间，限定了他们的想象力，使他们无法想象它们渺小经验之外的世界——无法想象经验之外的世界,这才是本质的不自由,或者说,是不自由的本质。

从某种意义上说,庄子思想的价值,在于为人类开拓出一个经验之外的世界,并且告诫我们,使我们不自由的,恰恰是我们的经验和知识。

庄子的出现,拓展了我们的世界和视界。

孔子家常,讲日常伦理,他要我们踏实而真诚地生活。

庄子大言,讲经验之外的世界,他在教我们超凡绝俗地生活。

庄子最伟大的作品,除了《逍遥游》,还有《齐物论》。"齐物论"至少包含两个意思:齐物和齐论。很多人以为,庄子的齐物,就是万物等齐。其实,这又是一个错误的理解。庄子并不认为世界万物没有差别,恰恰相反,庄子认为世界万物就应该是有差别的存在,庄子不是抹杀差别,他是在保护差别,保护世间万物的差异性,因为这才符合道家"道德"对"德"的解释,也才符合庄子对个体之"德"的回护。老子特别强调"道",而庄子更加强调的是"德",更加强调的是个体的差异性——没有差异性就没有个体,差异性就是个体的"德","德"就是个体的差异性。

那么他又为什么讲齐物呢?实际上庄子不是讲"齐物",而是讲"齐权",他的意思是:世界万物是千差万别的,但这千差万别的物都有着无差别的权利，所以，齐物不是万物都一样，而是不一样的万物有着一样的权利。人人都有差别，但人人都有无差别的权利。所以"齐物"实际上是齐权，是万物存在的合理性。"凡存在的都是合理的；凡合理的都是存在的。"这句黑格尔的名言，在庄子那里是：凡存在的都是有权利存在的；凡有权利存在的，都不可抹杀其存在。谁说庄子不谈政治呢？！

《庄子·知北游》里有这样一个典故：

> 东郭子问于庄子曰："所谓道，恶乎在？"庄子曰："无所不在。"东郭子曰："期而后可。"庄子曰："在蝼蚁。"曰："何其下邪？"曰："在稊稗。"曰："何其愈下邪？"曰："在瓦甓。"曰："何其愈甚邪？"曰："在屎溺。"东郭子不应。

东郭子问庄子："您老所说的道，究竟在哪里呢？"庄子说："无所不在。"东郭子说："您给我指指。"庄子说："喔，就在那蝼蚁身上。"东郭子说："怎么在这样低下卑微的地方？"庄子说："在杂草里。"东郭子说："怎么越发低下了？"庄子说："在瓦块砖头中。"东郭子说："怎么越来越低下了？"庄子说："在大小便里。"东郭子听了后不再吭声。

连屎溺都是道之一体！都有尊严和权利！都有无差别的存在权！

不仅承认它们的存在，还承认它们是合乎道的存在，是有价值、有尊严的体面存在！

六 庄周梦蝶：中国人的人格与自由

《庄子·寓言》曰：

> 物固有所然，物固有所可，无物不然，无物不可。……万物皆种也。

这句话有不同的理解和翻译。我的翻译是：

> 万物都有适当的存在理由，万物都有允可它存在的权利，没有什么物（类）不合乎道，没有什么物（类）没有来自道的肯定。……万物都来自一个共同的道的宗祖。

庄子哲学的重要内涵之一就是：每一个个体都是自足的，自我满足的。"我"对于我来说，是完美的，是自足的，是不大不小的，是不高不矮的，是不多不少的，是不胖不瘦的，我就是我。我自身现在所拥有的所有特点的总和，就是我，才是我。所以个体是完善的，自足的。

那么这个结论是什么呢？就是每一个个体的存在，都有足够的理由，我存在，我就有理由存在。我存在，我就有权利存在。万物皆种，道是我存在的依据，我也受道的保护。故而，每一个个体的存在都是合理的、合德的、合道的。因此，谁也无权抹杀一个个体的存在，谁也无权否定某个个体的存在，谁也无权改造个体。

《庄子·应帝王》曰：

> 南海之帝为儵，北海之帝为忽，中央之帝为浑沌。儵与忽时相与遇于浑沌之地，浑沌待之甚善。儵与忽谋报浑沌之德，曰："人皆有七窍，以视、听、食、息，此独无有，尝试凿之。"日凿一窍，七日而浑沌死。

混沌的死是哲学意义上的死。混沌的存在是个体的差异性的存在，正因为它无有七窍，它才是混沌。七窍既开，它就不再是混沌——混沌就死了。庄子在说什么？庄子在说个体的差异性就是个体的主体性，就是个体的生命。取消个体的差异性，就是取消个体之德。所以，差异性是个体的生命所在，是个体自身的权利。

《庄子·齐物论》曰：

> 天下莫大于秋毫之末，而太山为小；莫寿于殇子，而彭祖为夭。

这段话历来令人费解。其实，庄子用了障眼法。你一看大小寿夭，就以为他在比较，其实庄子何曾有这样的计较。他只是在说：万物各有其大，又各有其小。泰山作为泰山，已经足够小；秋毫之末作为秋毫之末，已经足够大。殇子不可能再长寿，彭祖不可能再短命。它们的大小寿夭，都是只和自己的"德"相匹配，而不与他物相比较。这是什么思想？这是"个体自足"——每一个个体都是自我满足的，每一个个体都是"德全"——完然自足的。《庄子·天地》又说："执道者德全，德全者形全，形全者神全。"唐代成玄英疏："言执持道者则德行无亏，德全者则形不亏损，形全者则精神专一。"

个体自足，最终就会导致尊重个体，尊重个性。对于个体和个性的尊重，必然会导致什么样的价值呢？宽容和自由。

如果说，孟子的"人性善"为我们的"道德"找到了人性论的基础；那么，庄子的"个体自足"就为我们的"自由"找到了认识论的根据。

道德与自由，一个民族最重要的两块生存基石，是这两个生活在同一个时代的伟人奠定的。

孟子告诉我们，我们要做一个道德的人，因为我们的人性是善良的；庄子鼓励我们，我们要做一个自由的人，因为我们的人性是自足的。

稍微说一下"物论"之齐。

"物论"，是关于物（世界）的思想和观点。质言之，"物论"也是物，关于"物"（世界）的不同的"论"，也有相同的权利。所以，齐"物论"呢，就是思想的平等，观点的并存。齐"物论"，其实是在逻辑上已经赋予了思想的自由。

如上,庄子对人生给出了他的见解。

其实,庄子不仅告诉我们人应该有一个自由的生,他还给了我们一个美丽的死。而这一点,恰恰是儒家讳莫如深的。

正是在《齐物论》里,庄子写下了"庄周梦蝶"的故事。这在逻辑上完全自洽:生与死,既可以看成是"物"——客观存在的事实,因而生死等齐,无有轩轾高下;也可以看成"物论"——关于生死的观念。

中文里,有两个成语是庄子给我们创造的,一个叫"人生如梦",一个叫"视死如归"。伦理学和宗教主要解决两个大问题:一是让人活得体面,一是让人死得坦然。如何让人活得体面,儒家这一点做得很好,但孔子孟子没有跟我们讲死亡问题,他们捂着这个盖子,不谈。当然我们也可以认为:当你把儒家舍生取义、杀身成仁理解了体会了,你就会认为死亡不是个问题,如何活着才是问题。这确实是一条解决死亡问题的思路,把死寄载于生,这条思路极有逻辑性且富于智慧。但问题是,不是所有的人都能够体会到这个境界,这个境界因为太高超而让更多的人够不着。所以,对有关死亡问题讳莫如深,把这个盖子捂得死死的,就无法消除多数人对于死亡的恐惧。我们要感谢庄子,与孔子孟子聚焦于"人生"不一样,《庄子》则聚焦于"人死",满篇都是生死存亡。在庄子看来,"人生"也是为了"尽其天年",真正的"向死而生"。确实,庄子最关心的就是死亡问题，他给我们的解决之道是什么呢？视死如归。他曾经以他自己为例讲了一个故事，记在《庄子·至乐》里：

> 庄子之楚，见空髑髅，髐然有形，撽以马捶，因而问之，曰："夫子贪生失理而为此乎？将子有亡国之事，斧钺之诛而为此乎？将子有不善之行，愧遗父母妻子之丑而为此乎？将子有冻馁之患而为此乎？将子之春秋故及此乎？"于是语卒，援髑髅，枕而卧。
>
> 夜半，髑髅见梦曰："子之谈者似辩士。视子所言，皆生人之累也，死则无此矣。子欲闻死之说乎？"
>
> 庄子曰："然。"
>
> 髑髅曰："死，无君于上，无臣于下；亦无四时之事，从然以天地为春秋，虽南面王乐，不能过也。"
>
> 庄子不信，曰："吾使司命复生子形，为子骨肉肌肤，反子父母、妻子、闾里、知识，子欲之乎？"
>
> 髑髅深矉蹙𬱖曰："吾安能弃南面王乐而复为人间之劳乎！"

一开始，庄子面对死者（骷髅），有着含而不露的优越感：那种对死者的同情和怜悯，其实是把死者当作不幸者，把生者当作优胜者的。这实际上是说所有生者都有对于死者的优越感。但是，到了最后，死者告诉庄子：死去后的日子如同南面王乐，而生者则在人生的种种责任、压迫、拖累之下，苟延残喘。所以，他对庄子让他活过来的建议非常不屑。这段对话里，骷髅才是庄子,而那个"庄子",则是庄子在表演"我们"——"骷髅庄子"在告诉"庄子我们":死了,比活着好。

这当然有对生活很失望的意思。你看他借列子之口发出的感慨:

> 列子行,食于道从,见百岁髑髅,攓蓬而指之曰:"唯予与汝知而未尝死,未尝生也。若果养乎?予果欢乎?"(《庄子·至乐》)

陶渊明说:"人生实难,死如之何!"(《自祭文》)也是这个意思。

庄子记了好几个有关死亡的故事。值得注意的是,他都把死亡写成了好事,死者成了令人羡慕的对象:

> 子桑户、孟子反、子琴张三人……遂相与为友,莫然。
>
> 有间而子桑户死,未葬。孔子闻之,使子贡往侍事焉。或编曲,或鼓琴,相和而歌曰:"嗟来桑户乎!嗟来桑户乎!而已反其真,而我犹为人猗!"
>
> 子贡趋而进曰:"敢问临尸而歌,礼乎?"二人相视而笑曰:"是恶知礼意!"
>
> 子贡反,以告孔子……孔子曰:"……彼以生为附赘县疣,以死为决疣溃痈。夫若然者,又恶知死生先后之所在?"(《庄子·大宗师》)

总之，人生也没多么好，所以，人死也没有什么可怕。相反，"以生为附赘县疣，以死为决疣溃痈"。原来，从大化的角度而言，我们有形的身体——生命的载体，不过是自然的某个病灶和肿块，而死亡则是这个病灶肿块的涣然冰释！

庄子写老聃之死：

> 老聃死，秦失吊之，三号而出。弟子曰："非夫子之友邪？"曰："然。""然则吊焉若此可乎？"曰："然。始也吾以为其人也，而今非也。向吾入而吊焉，有老者哭之如哭其子；少者哭之如哭其母。彼其所以会之，必有不蕲言而言，不蕲哭而哭者。是遁天倍情，忘其所受，古者谓之遁天之刑。适来，夫子时也；适去，夫子顺也。安时而处顺，哀乐不能入也，古者谓是帝之县解。"（《庄子·养生主》）

作为朋友，秦失去吊唁老聃之死，简略得很，仅仅号了三声就出来走了。这三号，不是悲伤更不是怜悯，只是一种对死者的礼节。其实生者根本没有怜悯和悲伤死者的优势。"适来，夫子时也；适去，夫子顺也。安时而处顺，哀乐不能入也，古者谓是帝之县解。"不仅来去都要安时而处顺，而且死亡就是倒悬之苦的解脱啊！

庄子还写到了自己的老妻之死：

> 庄子妻死，惠子吊之，庄子则方箕踞鼓盆而歌。

> 惠子曰:"与人居,长子、老、身死,不哭亦足矣,又鼓盆而歌,不亦甚乎!"
>
> 庄子曰:"不然。是其始死也,我独何能无概然!察其始而本无生,非徒无生也而本无形,非徒无形也而本无气。杂乎芒芴之间,变而有气,气变而有形,形变而有生。今又变而之死。是相与为春秋冬夏四时行也。人且偃然寝于巨室,而我嗷嗷然随而哭之,自以为不通乎命,故止也。"(《庄子·至乐》)

庄子妻死,庄子箕踞鼓盆而歌。为什么唱歌?是祝贺她终于解脱了,好比是囚徒的刑满释放。

这些故事,包含着一个振聋发聩的提问:在我们出生之前,我们在哪里?彼时,我们有恐惧和痛苦吗?

他甚至提醒我们:很多人怕死,是不是像离家出走的小孩不愿意回家一样呢?这就是庄子创造的成语:视死如归。他把死亡看成是回家:

> 予恶乎知说生之非惑邪!予恶乎知恶死之非弱丧而不知归者邪!……予恶乎知夫死者不悔其始之蕲生乎!梦饮酒者,旦而哭泣;梦哭泣者,旦而田猎。方其梦也,不知其梦也。梦之中又占其梦焉,觉而后知其梦也。且有大觉而后知此其大梦也。(《庄子·齐物论》)

六 庄周梦蝶：中国人的人格与自由

一个伟大的哲人一定有一个伟大的死亡，死亡是他整个人生中的画龙点睛。司马迁浓墨重彩记叙了孔子之死，而没有写孟子之死。庄子之死，《庄子·列御寇》中有记载——当然，不是庄子自己记的：

> 庄子将死，弟子欲厚葬之。庄子曰："吾以天地为棺椁，以日月为连璧，星辰为珠玑，万物为赍送。吾葬具岂不备邪！何以加此！"弟子曰："吾恐乌鸢之食夫子也。"庄子曰："在上为乌鸢食，在下为蝼蚁食，夺彼与此，何其偏也！"

庄子在临死之前，和他的弟子们在一起，弟子们也很有意思，他们围坐在老师的床边商量：老师死了我们该怎么安葬他呢？弟子们商量着哪里去找陪葬品。庄子说："我不要！我把天地当作棺椁，把日月当作连璧，把星辰当作珠玑，万物都可以成为我的陪葬。我陪葬的东西难道还不完备吗？哪里还用得着再加上这些东西！"弟子们说："我们担忧乌鸦和老鹰啄食先生的遗体。"庄子说："抛在地面会被乌鸦和老鹰吃掉，深埋地下会被蝼蛄和蚂蚁吃掉，你们为什么要夺过乌鸦和老鹰的吃食交给蝼蛄和蚂蚁呢，你们偏爱蝼蛄和蚂蚁吗？"这就是庄子临死前和他的弟子们的讨论。庄子在临死前给我们留下了什么？通脱，然后是，幽默！

当然，对于死亡，庄子讲得最好的故事，还是"庄周梦蝶"的故事：

> 昔者庄周梦为胡蝶，栩栩然胡蝶也。自喻适志与，不知周也。俄然觉，则蘧蘧然周也。不知周之梦为胡蝶与？胡蝶之梦为周与？（《庄子·齐物论》）

我们一般醒了就醒了，不管刚才梦见了什么，都能分清此刻为真实，刚才为梦境。但庄子不这么想。庄子疑惑：刚才是梦，还是现在是梦呢？如果刚才是梦，那就是庄周梦见自己变成了蝴蝶，庄周是真实的；如果现在是梦呢？那就是蝴蝶梦见自己变成了庄周，蝴蝶才是真实的。如果蝴蝶是真实的，那么，刚才在花丛中飞来飞去的蝴蝶，现在一定飞累了，落在一个花枝上，睡着了，梦见自己变成了庄周。那么，如果一阵风吹来，花枝一颤，蝴蝶醒了，庄周又不见了。

这是多美的梦呀！没有一种动物可以代替蝴蝶来表达生命的这种飘忽、这种美丽、这种脆弱、这种神秘和梦幻！庄子用这个故事写出了人生如梦，又把死亡变得那么有诗意。在这个故事里，没有死亡，只有梦幻。在庄子这里，没有死亡，只有"醒来"！他把"死去"变成了"醒来"，而且是那么美丽梦幻的醒来！

其实，死亡就是"觉醒"，就是庄子一直跟我们强调的"觉"。所以人生没有死与不死，只有觉与不觉！很多人看到人生终究不过一死，于是悲哀恐惧以至于虚无。而庄子这样的大哲人，看到人生终有一死，他一下子醒过来了。

看到生命的死亡，然后才有生命的醒来，这是生命的"大觉"。有此"大觉"，"而后知此其大梦也"，知此其大梦也，而后才能大觉！若是不知道我们其实在梦中，你如何醒来？你从哪里醒来？

孔孟最大的贡献，是教会我们如何去活。

庄子最独特的贡献，是教会我们如何去面对死。

孔子教我们认真地活，而庄子则教我们不要太执着。破除我们心中的执念，解放我们的思想，是庄子的大贡献。

如果说，孔子是用让我们执着人生的方式来超越死亡，那么庄子就是用看穿死亡的方式，让我们人生从容。

谈"人死"，其实还是在谈"人生"啊！

有庄子的这种观念，我们才有下面的这些故事：

唐沈既济《枕中记》记载：青年卢生，旅途经过邯郸，住在一家客店里。道人吕洞宾也住在这家客店里，卢生同吕翁谈话之间，连连怨叹自己穷困的境况。吕翁便从行李中取出一个枕头来，对卢生说："你枕着这个枕头睡，就可以获得荣华富贵。"这时，店主人正在煮饭（黄米饭），离开饭时间尚早，卢生就枕着这个枕头，先睡一会。不想一躺下去立刻做起梦来。在梦里，他享受了子孙满堂、福禄齐全几十年的荣华富贵，八十多岁时，寿终正寝。而他死亡之时，恰恰正是他醒来之际：

是夕,薨。卢生欠伸而悟,见其身方偃于邸舍,吕翁坐其傍,主人蒸黍未熟,触类如故。生蹶然而兴,曰:"岂其梦寐也?"翁谓生曰:"人生之适,亦如是矣。"生怃然良久,谢曰:"夫宠辱之道,穷达之运,得丧之理,死生之情,尽知之矣。此先生所以窒吾欲也。敢不受教!"稽首再拜而去。

唐朝李公佐《南柯太守传》也讲了一个故事:广陵人淳于棼在梦中被大槐国国王招为驸马,当了南柯郡太守,历尽人生穷通荣辱。醒来发现躺在大槐树下,而一切的梦境均发生于树旁之蚁穴。故事最后,作者写道:

生感南柯之浮虚,悟人世之倏忽,遂栖心道门,绝弃酒色。

哦,不要忘了苏轼。他的旷达人生,离不开庄子。苏轼《念奴娇·赤壁怀古》唱道:

大江东去,浪淘尽,千古风流人物。故垒西边,人道是,三国周郎赤壁。乱石穿空,惊涛拍岸,卷起千堆雪。江山如画,一时多少豪杰。

遥想公瑾当年,小乔初嫁了,雄姿英发。羽扇纶巾,谈笑间,樯橹灰飞烟灭。故国神游,多情应笑我,早生华发。人生如梦,一樽还酹江月。

最后一句"人生如梦",也作"人间如梦",似乎"人间如梦"更好,与庄子《人间世》更贴合。

最后,我想提一下《红楼梦》。这个"梦",还是庄子的那个梦。

七 子贡说齐:中国的政治与制度

齐将攻鲁,鲁使子贡说之。齐人曰:"子言非不辩也,吾所欲者土地也,非斯言所谓也。"遂举兵伐鲁,去门十里以为界。

——《韩非子·五蠹》

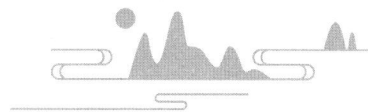

1

我们在墨子那一篇里,讲到了一个问题,那就是墨子止楚攻宋,最终不是靠道义胜出,而是靠武力。

从对付公输般的"个人道义",到说服楚王的"国家理性",再到最后亮出的决定最终结果的"国家实力",墨子策略上的步步落实,同时也是道义高地的步步失守。

所以,我们看到,墨子和楚王讨论攻宋最初是从国家理性的角度来谈的,最后不得已,才较量国家力量。当他和楚王较量国家力量的时候,是不是已经完全是"富国强兵"的思路了?

所以,墨子来了,战国来了,法家来了。墨子是一个时代的通道,一群人的产道。这个时代,就是战国;这群人,就是商鞅韩非,以及纵横家。

看《墨子·公输》中墨子辞令的酣畅淋漓、纵横捭阖,与战国纵横家有区别吗?气质上的相似,是最大的相同。

韩非站在两百来年之后,嘴角上挂着对墨子的嘲笑,他知道,墨子在两百年之前，就已经证明：两百年以后的韩非，赢了。

为什么我这么说呢？

我们来看看韩非说的故事：

> 齐将攻鲁，鲁使子贡说之。齐人曰："子言非不辩也，吾所欲者土地也，非斯言所谓也。"遂举兵伐鲁，去门十里以为界。（《韩非子·五蠹》）

子贡说齐的故事，《左传》《史记》和《孔子家语》都有记载，但经过和结果和韩非所说不同。韩非不是历史学家，他不是在客观记录历史，他说的往往是寓言。但寓言里面有真实，我们看看他这个在史实的基础上编造出来的寓言。

作为孔子的学生，子贡说齐，能说什么？"斯言所谓"的，不外乎仁义道德。这是韩非预设的埋在故事里面的内核。他说这个故事的目的，是要宣传自己的观点：在国家与国家之间，没有道义可言。在他看来，国家不是道德主体，国家是利益主体。决定国家行为的，不是道义，而是利益。法家以儒家为参照物确立自己的理论坐标，用否定儒家的方式来建立自己的理论体系。作为法家的集大成人物，韩非从来不信仁义道德。他不信仁义道德，不是认为仁义道德不好，而是认为仁义道德无用。战国时代，有用的是"战"。这个故事的前面，就有韩非对历史的判断：

> 古者文王处丰、镐之间，地方百里，行仁义而怀西戎，

遂王天下。徐偃王处汉东，地方五百里，行仁义，割地而朝者三十有六国，荆文王恐其害己也，举兵伐徐，遂灭之。故文王行仁义而王天下，偃王行仁义而丧其国，是仁义用于古不用于今也。故曰：世异则事异。当舜之时，有苗不服，禹将伐之，舜曰："不可。上德不厚而行武，非道也。"乃修教三年，执干戚舞，有苗乃服。共工之战，铁铦短者及乎敌，铠甲不坚者伤乎体。是干戚用于古不用于今也。故曰：事异则备变。上古竞于道德，中世逐于智谋，当今争于气力。（《韩非子·五蠹》）

这就是韩非的基本判断，也是他的理论基本盘。看这一段，韩非似乎并不否定道德的价值，但他反对的是"普适价值"，他不认为在历史上曾经适用的东西，现在还有用。他就是一个实用主义者，一个功利主义者，他只问管不管用。"上古竞于道德，中世逐于智谋，当今争于气力"，这是一个秀肌肉的时代，其他都不好用了。他接着说：

故偃王仁义而徐亡，子贡辩智而鲁削。以是言之，夫仁义辩智，非所以持国也。去偃王之仁，息子贡之智，循徐、鲁之力使敌万乘，则齐、荆之欲不得行于二国矣。

"仁义辩智，非所以持国也"，这就是他的结论。

韩非的国，一开始就建立在"非道德"的基础上——我谨慎地没有使用"不道德"这个判语。法家心中的国家,可能有他们自诩的道德目标,却从来不讲究道德手段。事实上,他们是不择手段的。"不择手段"的意思是:只要适用管用,不会顾及手段的道德属性。

但是,法家的目标也是值得探讨的。法家和儒道墨都不一样,儒道墨的立足点和学术关怀对象是"天下",其对应主体是全体的人和个体的人。而法家的立足点和为之出谋划策的对象是"国家",其对应主体是国君。立足天下和天下人的儒道墨,关心的是文明、自由和公正;立足国家的法家,关心的是富国强兵以及君权的安全。从这个角度讲,法家的格局小了,并且心理也阴暗了,不再像儒道墨那样坦坦荡荡、堂堂正正。儒道墨认为天下是天下人的天下,而法家却坚持国家只是国君的国家。如此,他们的很多言说都好像在密室里与君主咬耳朵。

道家的"君人南面之术",到了韩非,这个术,就加上了"法"和"势",成了集大成的统治之术。

我们先来看看司马迁是怎么写韩非的:

> 韩非者,韩之诸公子也。喜刑名法术之学,而其归本于黄老。非为人口吃,不能道说,而善著书。与李斯俱事荀卿,

斯自以为不如非。(《史记·老子韩非列传》)

首先,他是韩国的公子,与一般的来来往往、朝秦暮楚的游方之士不一样,他没有那么多自由,他有他不能抛却的韩国,这是他坚持国家主义立场的原因之一,也是他坚持国家主义立场的结果——国家主义者,都鼓吹并践行为了国家让渡个人权利。他后来被秦王下狱,秦王也是思量了他的国家主义立场:他这样的人,只会向着韩国。确实,他必须为韩国考虑,为韩国的生死存亡担惊受怕。从某种意义上说,他的心态,非常接近于燕国的太子丹——只不过太子丹挽救燕国是孤注一掷,用的是荆轲之剑;而他用的是一套富国强兵之术。太子丹是牺牲自己和荆轲等几个人,而他是用一国之内的除国君之外的所有人作代价。他喜欢和肯定商鞅,即是肯定并向往商鞅能让国家强大起来。所以,他"喜刑名法术之学",就是喜欢申不害、商鞅的法术,这不仅是他的个人性情取向,更是他的现实关怀。

司马迁认为他"归本于黄老",把他的传记和老子合并,则是司马迁的眼光犀利:崇尚冷酷之道,归顺不以人之意志为转移的客观规律,于老子,是自然大道;于韩非,则是社会达尔文主义:适者生存,不适者灭亡。道,在老子那里还是人道,是理想的人;但是到了韩非这里,则是国道,是理想的国——在这一点上,韩非像黑格尔,黑格尔就觉得普鲁士王国是他"绝对理念"的完美呈现。

我们接着看:

> 非见韩之削弱,数以书谏韩王,韩王不能用。于是韩非疾治国不务修明其法制,执势以御其臣下,富国强兵而以求人任贤,反举浮淫之蠹而加之于功实之上。以为儒者用文乱法,而侠者以武犯禁。宽则宠名誉之人,急则用介胄之士。今者所养非所用,所用非所养。悲廉直不容于邪枉之臣,观往者得失之变,故作《孤愤》《五蠹》《内外储》《说林》《说难》十余万言。(《史记·老子韩非列传》)

韩非的悲剧是:他殚精竭虑为国君着想,结果被国君拒绝。在韩国还好,大不了不用你这一套,他有贵族身份的保护,虽然愤激,韩王还能容忍他。到了秦国,可就不一样了:这个既不在乎贵族身份的豁免权,也不怕天下言论的专制之国,随时可以置韩非于死地。可悲的是,这样的无法无天、可以随便处置臣民的国家制度,恰恰是韩非梦寐以求想要建立的。

这个悲剧是这样收场的:

> 人或传其书至秦。秦王见《孤愤》《五蠹》之书,曰:"嗟乎,寡人得见此人与之游,死不恨矣!"李斯曰:"此韩非之所著书也。"秦因急攻韩。韩王始不用非,及急,乃遣非使秦。秦王悦之,未信用。李斯、姚贾害之,毁之曰:"韩非,韩之诸公子也。今王欲并诸侯,非终为韩不为秦,此人之情

也。今王不用，久留而归之，此自遗患也，不如以过法诛之。"秦王以为然，下吏治非。李斯使人遗非药，使自杀。韩非欲自陈，不得见。秦王后悔之，使人赦之，非已死矣。（《史记·老子韩非列传》）

韩非的悲剧还在于，杀他的秦王，偏偏是他的崇拜者、骨灰级粉丝：他崇拜韩非竟至于认为韩非的书是古人所著，并且感叹如能与之交游死而无憾。而韩非呢？一辈子的学问，也就是要去帮助秦王这样的人。在这两者之间发生这样的惨剧，实在有点儿荒诞，却也是国家主义的逻辑必然。

"人性本恶"的首创者是韩非的老师荀子，但是，荀子毕竟对人还有儒家式的温情。他认为性恶的人，还是向善的，并且是可以变善的，所以，他倡导"化性起伪"，努力劝人学习。而韩非，则根本不作如是想，他不认为人可以变好，但他认为，政治恰恰可以利用人的自私自利等恶的方面，来实现君主的目标。也就是说，韩非学说的逻辑起点，是人性恶，其终点，还是人性之恶。在他看来，人性恶不再是一个价值问题，它只是政治、国家需要面对的一个基本事实，立足于这样的事实，来实现自己的目标不就可以了吗？韩非本来就"目中无人"，他没有人的目标，只有国家的目标。他既不关心人的理想，也不关心理想的人。他只关心国家的梦想和君主的野心。这可能和他的身份有关，严格意义上说，他不是"士"，虽然他受的是孔子开创的"士的教育"；他也不是一个单纯的"子"，虽然他可能是先秦学术的最后一个"子"。和立足于人类和人、致力于人类理想和理想人类的诸子不同，他根本不在乎人，他彻底对人不抱有道德指望，也从来不致力于人的道德完善。他治理国家，也绝不立足于国民的道德，绝不借力于道德力量，相反，他利用不道德的力量。所以，韩非的心理极其强大，面对丑陋，他不恶心；面对邪恶，他不憎恶；面对黑暗，他不恐惧。儒家讲五常，重视君臣、父子、夫妻、兄弟、朋友关系，要君明臣忠、父慈子孝、夫良妻贤、兄友弟恭、朋友有信。他呢？他对这些统统嗤之以鼻，在他看来，一切关系，都是利益关系。

  夫妻者，非有骨肉之恩也，爱则亲，不爱则疏。(《韩非子·备内》)

  卫人有夫妻祷者，而祝曰："使我无故，得百束布。"其夫曰："何少也？"对曰："益是，子将以买妾。"(《韩非子·内储说下》)

这是讲夫妻关系。你还相信爱情吗？更糟糕的是，他如此描述上层社会的夫妻关系：

> 丈夫年五十而好色未解也，妇人年三十而美色衰矣。以衰美之妇人事好色之丈夫，则身见疏贱，而子疑不为后，此后妃、夫人之所以冀其君之死者也。（《韩非子·备内》）

越是有利益的地方，越是没有爱情，是不是很符合我们的观感和经验？在今天，越是大富之家，越是钩心斗角，争名分、争遗产就越是激烈惊悚，这是不是古今一致？

> 且父母之于子也，产男则相贺，产女则杀之。此俱出父母之怀衽，然男子受贺，女子杀之者，虑其后便，计之长利也。故父母之于子也，犹用计算之心以相待也，而况无父子之泽乎？（《韩非子·六反》）

这是讲父母与儿女的关系。是不是很恐怖？你还相信亲情吗？

韩非讲父子关系，讲夫妻关系，都不是目标，他的最终指向，是君臣关系——国家是他的唯一关怀。所以，他在彻底撕破父子关系之后，才有这么一句："而况无父子之泽乎"。无父子之泽而又与父子关系最相似的，就是君臣；无夫妻之爱而又最接近夫妻关系的，还是君臣：

> 人臣之于其君，非有骨肉之亲也，缚于势而不得不事也。……夫以妻之近与子之亲而犹不可信，则其余无可信者

矣。(《韩非子·备内》)

　　主利在有能而任官，臣利在无能而得事；主利在有劳而爵禄，臣利在无功而富贵；主利在豪杰使能，臣利在朋党用私。(《韩非子·孤愤》)

一切都是利。既然君臣之间没有什么温情脉脉的东西，那么，韩非站在哪一边呢？显然，他站在君主一边。这是他选择的站位，也是法家的共同站位。

　　夫驯乌者断其下翎焉。断其下翎，则必恃人而食，焉得不驯乎？夫明主畜臣亦然，令臣不得不利君之禄，不得无服上之名。夫利君之禄，服上之名，焉得不服？(《韩非子·外储说右上》)

"利君之禄，服上之名，焉得不服"，这是利用的关系，更是钳制的关系。在这种关系中，人，只有工具的价值。这也是我对法家政治学满怀恐惧的原因。

不能成为君主的工具，不能为君主的国家服务，就要杀掉：

　　齐有居士田仲者，宋人屈谷见之，曰："谷闻先生之义，不恃仰人而食，今谷有巨瓠，坚如石，厚而无窍，献之。"仲曰："夫瓠所贵者，谓其可以盛也。今厚而无窍，则不可剖以盛物；

而任重如坚石,则不可以剖而以斟。吾无以瓠为也。"曰:"然,谷将弃之。"今田仲不恃仰人而食,亦无益人之国,亦坚瓠之类也。(《韩非子·外储说左上》)

太公望东封于齐,齐东海上有居士曰狂矞、华士昆弟二人者立议曰:"吾不臣天子,不友诸侯,耕作而食之,掘井而饮之,吾无求于人也。无上之名,无君之禄,不事仕而事力。"太公望至于营丘,使吏执杀之以为首诛。(《韩非子·外储说右上》)

势不足以化则除之!(《韩非予·外储说右上》)

不服从权势、不服务权势、不供权势驱遣者,灭了他!

④

先秦并无"法家"之名,直到西汉司马谈著《论六家要旨》,才将韩非这一类人归类为一派并命名为"法家"。虽则曰"法家",但在韩非的主张里,并不只有"法",还有"术"和"势",他是"法术势"三位一体:

术者,因任而授官,循名而责实,操杀生之柄,课群臣之能者也。此人主之所执也。法者，宪令著于官府，刑罚必于民心，赏存乎慎法，而罚加乎奸令者也。此臣之所师也。君无术则弊于上，臣无法则乱于下，此不可一无，皆帝王之具也。（《韩非子·定法》）

故国者，君之车也；势者，君之马也。无术以御之，身虽劳，犹不免乱；有术以御之，身处佚乐之地，又致帝王之功也。（《韩非子·外储说右下》）

君执柄以处势，故令行禁止。柄者，杀生之制也；势者，胜众之资也。（《韩非子·八经》）

万乘之主、千乘之君所以制天下而征诸侯者，以其威势也。威势者，人主之筋力也。（《韩非子·人主》）

而"法术势"三者之中，"势"最特别：它不仅是人主的手段，更是人主本身：权势既是人主控制天下的手段，也是君主自身地位所属。以此，我觉得司马谈把韩非等人命名为"法家"，在三个关键词中选择"法"字，不够准确，如命名为"势家"，显然更具有统属性。因为商鞅、韩非的理论主张，确实都是为了权势者。法与术，只是权势者的手段而已，而势，又是权势者本身。

我们看看韩非对权势的重视和维护：

> 夫有材而无势，虽贤不能制不肖。……桀为天子，能制天下，非贤也，势重也；尧为匹夫，不能正三家，非不肖也，位卑也。千钧得船则浮，锱铢失船则沉，非千钧轻锱铢重也，有势之与无势也。故短之临高也以位，不肖之制贤也以势。（《韩非子·功名》）

在他看来，所有人，包括孔子都服从"势"：

> 且民者固服于势，寡能怀于义。仲尼，天下圣人也，修行明道以游海内，海内说其仁、美其义而为服役者七十人。盖贵仁者寡，能义者难也。故以天下之大，而为服役者七十人，而仁义者一人。鲁哀公，下主也，南面君国，境内之民莫敢不臣。民者固服于势，势诚易以服人，故仲尼反为臣而哀公顾为君。仲尼非怀其义，服其势也。故以义则仲尼不服于哀公，乘势则哀公臣仲尼。（《韩非子·五蠹》）

韩非是中国历史上第一个把"权力"作为学术对象进行研究并有深刻洞见的人。这主要体现在他的《难势》这篇文章里。这是中国历史上第一篇专门论述权力问题的专题论文。

在这篇杰出的论文里，韩非先引述慎子的话，说明权力在社会运作中至高无上的地位和钳制性的作用：

贤人而诎于不肖者，则权轻位卑也；不肖而能服于贤者，则权重位尊也。尧为匹夫，不能治三人；而桀为天子，能乱天下：吾以此知势位之足恃而贤智之不足慕也。……由此观之，贤智未足以服众，而势位足以屈贤者也。（《韩非子·难势》）

然后，韩非就此展开：

今桀、纣南面而王天下，以天子之威为之云雾，而天下不免乎大乱者，桀、纣之材薄也。
……夫势者，非能必使贤者用之，而不肖者不用之也。贤者用之则天下治，不肖者用之则天下乱。人之情性，贤者寡而不肖者众，而以威势之利济乱世之不肖人，则是以势乱天下者多矣，以势治天下者寡矣。夫势者，便治而利乱者也！（《韩非子·难势》）

如果说，慎子看到了"权力"的能量，那么，韩非从治天下的角度，则看到了更深刻的问题：权力的能量如何合理释放。掌握权力并利用权力的功能来实现自己的主张，比权力本身更重要。这实际上已经进入政治学的核心范畴。权力问题的实质，不是权力本身的属性，而是如何运作权力——包括权力获得的合法性和权力运作的程序性。"夫势者，便治而利乱者也！"这句感叹，说明韩非对权力的深刻恐惧。知道恐惧权力的政治家，才是合格的政治家；知道权力危险并提醒社会警惕权力的政治人文学者，才是好的学者。

接下来，韩非还引用古语，用一个可怕的比喻来说明，给一个德性差的人以权力就如同帮老虎插上翅膀：

> 故周书曰："毋为虎傅翼，将飞入邑，择人而食之。"夫乘不肖人于势，是为虎傅翼也。桀、纣为高台深池以尽民力，为炮烙以伤民性，桀、纣得乘肆行者，南面之威为之翼也。使桀、纣为匹夫，未始行一而身在刑戮矣。（《韩非子·难势》）

夏桀、商纣这样的坏人，为什么造成了那么大的伤害？他们的能量哪里来的？权力！所以，韩非总结道：

> 势者，养虎狼之心而成暴乱之事者也，此天下之大患也。

对权力的危害作出这样的结论，在中国，韩非是前无古人！他是最接近权力问题核心的古代思想家！并且，他还提出了以法来约束权力的思想：

> 且夫尧、舜、桀、纣千世而一出，是比肩随踵而生也。世之治者不绝于中，吾所以为言势者，中也。中者，上不及尧、舜，而下亦不为桀、纣。抱法处势则治，背法去势则乱。今废势背法而待尧、舜，尧、舜至乃治，是千世乱而一治也。

> 抱法处势而待桀、纣，桀、纣至乃乱，是千世治而一乱也。(《韩非子·难势》)

他批评的，是儒家的"贤人政治"——以德约束权力。他打了一个比喻：如果权势如马车，儒家的建议就是等着一个贤人来驾驭它吧。对此，韩非用比喻来批驳：如果中原地区一个人落水了，我们一定要等着南方越国会游泳的人来救他吗？

因此，韩非主张"法势并治"——以法约束权力。

韩非做了这样一个统计：像尧、舜这样圣明自控不需要法制约束就能自觉做好事的君主，一千世才出一个；像夏桀、商纣这样即使法制也约束不了作恶能量超强的君主，也是一千世才出一个。世上最多的是德性一般、能量也一般的君主，他们如果遵守法制利用好权力的杠杆，就可以治理好国家；如果背离法制放弃权势的优势，就会祸乱天下。所以，如果按照儒家的理论，废势背法而待尧、舜，则一千世只有一世是得到很好治理的；而按照我韩非的理论：抱法处势而待桀、纣，则一千世只有一世是祸乱的。

是不是很有道理？

但事实上，韩非的"以法制权"，有一个内在矛盾：正如我在上面说到的，法是一个纯粹的工具，一个功能性的概念。但是，"势"，不仅是可资利用的权力资源，它也是君主本身。既然如此，确立法规之前，谁来立法？立法理念如何确定？立法之后，谁来执法？执法之后，谁能监督和评估？

韩非没有回答这个问题，而这正是其理论的黑洞：一个鼓吹集权、鼓吹一切都要服从君主的理论,不可能成为真正的法制理论;恰恰相反,其逻辑指向是否定法治,把法置于权力之下。

韩非想到了应当约束权力,遏制权力的滥用,这是一个天才的想法。但他又是一个尊君抑臣的独裁、集权推崇者,一个国家主义者。他绝不可能想到"以权力约束权力",他甚至不能容忍君臣共同治国,不能容忍臣子分得君主的权力。

一个国家主义者,其思考和行为逻辑就决定了权势是他的心头至爱:不仅爱权势,而且爱权势者。因为,国家的所有者或代理人,必然是权势在握者。

要是让我来对韩非做一个总结,我想,他是一个极具洞察力的人,无论对人性的阴暗还是对政治的残酷,他都有超过其他诸子的洞察力。这也可能是因为他内心极其强大,所以,他才能在这些阴冷可怕的地方深潜并久留,当然也许因果正相反:正因为他看得透彻,所以他的内心才逐渐变得强大。我在这篇文章里还提出了一个小小的翻案的想法:想把历史上的"法家"改称为"势家"。因为,第一,他们是站在权势者一边,主张加强权势者权力的人;第二,他们洞悉权势的厉害;第三,他们主张建立权力社会——以权力来控制的社会。

那么,在"法家"("势家")这批人里,韩非的地位如何呢?

第一，他是对权力研究得最为深入的人，最了解权力的本质和功能；第二，他是坚决捍卫权力和权势者、主张集权的人；第三，他是最后被权力杀死的人。

说到"被权力杀死"，法家人物商鞅、韩非、李斯，都是这样，连结局都一样。

当然，有一点必须提到，这是他们杰出的地方：他们不相信个人的德行，在现实政治的运行和社会的治理中，他们不依赖道德而更相信和依赖制度——这是对儒家思想的重要补充。

八 管鲍之交：中国式友谊

管仲夷吾者，颍上人也。少时常与鲍叔牙游，鲍叔知其贤。管仲贫困，常欺鲍叔，鲍叔终善遇之，不以为言。已而鲍叔事齐公子小白，管仲事公子纠。及小白立为桓公，公子纠死，管仲囚焉。鲍叔遂进管仲。管仲既用，任政于齐，齐桓公以霸，九合诸侯，一匡天下，管仲之谋也。

管仲曰："吾始困时，尝与鲍叔贾，分财利多自与，鲍叔不以我为贪，知我贫也。吾尝为鲍叔谋事而更穷困，鲍叔不以我为愚，知时有利不利也。吾尝三仕三见逐于君，鲍叔不以我为不肖，知我不遭时也。吾尝三战三走，鲍叔不以我怯，知我有老母也。公子纠败，召忽死之，吾幽囚受辱，鲍叔不以我为无耻，知我不羞小节而耻功名不显于天下也。生我者父母，知我者鲍子也。"

鲍叔既进管仲，以身下之。子孙世禄于齐，有封邑者十余世，常为名大夫。天下不多管仲之贤而多鲍叔能知人也！

——司马迁《史记·管晏列传》

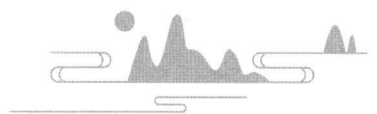

1

我在写孟子与齐宣王的对话时,说到孟子为了拒绝齐宣王谈霸道,英雄欺世,骗齐宣王说:

> 仲尼之徒无道桓文之事者,是以后世无传焉,臣未之闻也。(《孟子·梁惠王上》)

其实,《论语》里面,孔门师徒谈齐桓公、管仲的就有多条:

> 子曰:"晋文公谲而不正,齐桓公正而不谲。"(《论语·宪问》)

这是表扬齐桓公。《论语》里还有这样一条,表扬管仲:

> 或问子产。子曰:"惠人也。"

问子西。曰:"彼哉!彼哉!"

问管仲。曰:"人也。夺伯氏骈邑三百,饭疏食,没齿无怨言。"(《论语·宪问》)

历来注家大多认为这个"人也",应该是"夫人""仁人"之脱字,甚至这个"人",就是"仁"。可见孔子对管仲特别优待,不惜以"仁"来称赞他。

再看一则孔子对管仲的批评:

子曰:"管仲之器小哉!"或曰:"管仲俭乎?"曰:"管氏有三归,官事不摄,焉得俭?""然则管仲知礼乎?"曰:"邦君树塞门,管氏亦树塞门。邦君为两君之好,有反坫,管氏亦有反坫。管氏而知礼,孰不知礼?"(《论语·八佾》)

孔子在此批评了管仲的很多毛病:不懂礼而放肆,不节俭而奢靡,器量小而霸蛮。因为器量小,在天时地利人和的难得机遇中,只做成了霸业,却没有做成王业。而他自己,德性低,只做成了"大臣",而没有像周公那样,成为"圣臣"。

孔子这段话,与其说是对管仲的批评,不如说是对管仲的惋惜,也是对历史上曾经有过一次重现文武之治的巨大历史机遇却因为管仲器小而丧失的叹息。《史记》谓:

管仲,世所谓贤臣,然孔子小之。岂以为周道衰微,桓

公既贤，而不勉之至王，乃称霸哉？（《史记·管晏列传》）

不光孔子批评管仲，孔子的学生也多有疑惑。《论语·宪问》里，有这样两条：

子路曰："桓公杀公子纠，召忽死之，管仲不死。"曰："未仁乎？"子曰："桓公九合诸侯，不以兵车，管仲之力也。如其仁！如其仁！"

子贡曰："管仲非仁者与？桓公杀公子纠，不能死，又相之。"子曰："管仲相桓公，霸诸侯，一匡天下，民到于今受其赐。微管仲，吾其被发左衽矣。岂若匹夫匹妇之为谅也，自经于沟渎而莫之知也！"

公子纠与公子小白（即后来的齐桓公）二人都是齐襄公的弟弟。齐襄公无道，政局混乱，他二人怕受连累，公子小白由鲍叔牙侍奉逃亡莒国，公子纠由管仲、召忽侍奉逃亡鲁国。齐襄公被杀后，在鲁庄公发兵护送公子纠回齐国即位的时候，小白用计抢先回到齐国，被立为君，接着兴兵伐鲁，逼迫鲁国杀死了公子纠。公子纠被杀后，召忽自杀殉节，管仲却归服齐桓公，并由鲍叔牙推荐当了齐桓公的宰相。这就引起了子路、子贡的质疑。面对两个重量级弟子对管仲的贬低性认知，孔子毫不犹豫且旗帜鲜明地为管仲辩护，还用"仁"给他"加冕"。要知道，"仁"这样的头衔，孔子是不会轻易许给别人的，比如，他的弟子冉雍、子路、冉求、公西华，他就不说他们"仁"；甚至他自己，都不敢自称"仁"。

值得注意的是，子路、子贡质疑管仲时，都以"仁"论而不以"忠"论；可见此时尚不如后世那么强调君臣之忠。若以"忠"论，则管仲无立足之地；若以"仁"论，则孔子为管仲辩护，就有了大空间。

召忽以自杀的方式与公子纠共同承担失败的结局，算是"忠"。而管仲，为什么却是"仁"？而且，"仁"在价值序列上，比"忠"还要高。

这是因为，管仲不死，反而为之相，作为引导者（"相"即引领辅助之意），他引导齐桓公走在正道上，"正而不谲"，以其坦诚和道德风范，再加上大国的威慑力，保有了天下四十多年的太平，人民得以安居乐业，中原文化得以保存和发展，这确实是"仁"啊！

钱穆《论语新解》此节下，释曰：

> 管仲、召忽之于公子纠，君臣之分未定，且管仲之事子纠，非挟贰心，其力已尽，运穷势屈，则惟有死之一途而已。而人道之大，则尚有大于君臣之分者。华夷之防，事关百世。使无管仲，后世亦不复能有孔子。
>
> 孔子之生，而即已编发左衽矣，更何有于孔门七十二弟子，与夫《论语》之传述？故知子路、子贡所疑，徒见其小，而孔子之言，实树万世之大教，非为管仲一人辩白也。盖子

八 管鲍之交：中国式友谊

贡专以管仲对子纠言，孔子乃以管仲对天下后世言，故不同。

以管仲、公子纠"君臣之分未定"来为管仲辩护，孔子也做过。《孔子家语·致思》记孔子说：

> 夫子纠未成君，管仲未成臣，管仲才度义，管仲不死束缚，而立功名，未可非也。召忽虽死，过与取仁，未足多也。

但这真不重要。历史上那些君臣之分已定但为了仁而不忠的，比比皆是——商汤、周武不都是？孔子自己都是，他何曾死忠于君臣之分已定的鲁昭公、鲁定公？而后来那些通过改朝换代而成帝王将相的，谁敢说他们半个不字？

忠者未必仁，而仁者有大忠也——忠于天下也。

②

其实，即便是孟子，对齐桓公和管仲，也还是肯定的多。

孟子之所以有时候故意要贬低一下管仲，其实也是现实政治的需要：身处战国"争于气力"（《韩非子·五蠹》）之世，他担心这些"放恣"（《孟子·滕文公下》）的诸侯，崇拜武力而一心只是"富国强兵"，忘记仁义，从而给人民带来苦难。在写孟子的那一篇里，我曾说他在齐宣王面前表现出的那样一种清高看不上齐桓公、晋文公的姿态，其实是一种文化的姿态。《孟子·公孙丑上》中有这么一段：

> 公孙丑问曰："夫子当路于齐，管仲、晏子之功，可复许乎？"
> 孟子曰："子诚齐人也，知管仲、晏子而已矣。或问乎曾西曰：'吾子与子路孰贤？'曾西蹵然曰：'吾先子之所畏也。'曰：'然则吾子与管仲孰贤？'曾西艴然不悦，曰：'尔何曾比予于管仲？管仲得君如彼其专也，行乎国政如彼其久也，功烈如彼其卑也；尔何曾比予于是？'曰："管仲，曾西之所不为也，而子为我愿之乎？"

因为有孔子对管仲境界不高的惋惜，孟子当然不能以管仲自认。何况孟子本来就眼高于顶。孟子曾引颜渊之言曰："舜，何人也？予，何人也？有为者亦若是。"（《孟子·滕文公上》）以道自任者，都有这样的眼界与境界。

但是，在不涉及具体和当下，也不涉及自己的文化品格和政治理想的时候，孟子对于管仲的"霸道"，也还是有相当的温情与肯定的：

> 以力假仁者霸，霸必有大国。以德行仁者王，王不待大——汤以七十里，文王以百里。（《孟子·公孙丑上》）

其实孟子已经说明,"霸"还是"假仁"的,但他认为:

> 尧舜,性之也;汤武,身之也;五霸,假之也。久假而不归,恶知其非有也?(《孟子·尽心上》)

说白了就是:哪怕是假仁假义,如果终生奉行,习惯成自然,岂不就是真仁真义?

而下面这一段对齐桓公事迹的描述,孟子则显然是带着肯定甚至赞美的:

> 五霸,桓公为盛。葵丘之会,诸侯束牲载书而不歃血。初命曰:"诛不孝,无易树子,无以妾为妻。"再命曰:"尊贤育才,以彰有德。"三命曰:"敬老慈幼,无忘宾旅。"四命曰:"士无世官,官事无摄,取士必得,无专杀大夫。"五命曰:"无曲防,无遏籴,无有封而不告。"曰:"凡我同盟之人,既盟之后,言归于好。"今之诸侯皆犯此五禁,故曰:今之诸侯,五霸之罪人也。(《孟子·告子下》)

《春秋穀梁传》记载了鲁僖公九年,诸侯国在葵丘之会上共同约定的五禁:"毋雍泉,毋讫籴,毋易树子,毋以妾为妻,毋使妇人与国事。"意思是:不可壅塞水源,不可阻碍粮食流通,不可改换嫡子,不可以妾为妻,不可让妇人参与国事。孟子的版本要丰富得多,并且多出去的部分,还都是儒家观念中的荦荦大者,如尊贤育才、敬老慈幼、不可擅杀大夫、不可有封不告等,既有政治上的尊王,又有文化上的攘夷,还有伦理上的仁孝。可见孟子对葵丘之会的肯定。而以此指控"今之诸侯,五霸之罪人",更是对这次会议精神的褒扬。

孟子还有一种看法,虽然鼓吹宣扬王道,但于霸道还是肯定的:

> 孟子曰:"霸者之民欢虞如也,王者之民皞皞如也。"(《孟子·尽心上》)

霸者的百姓欢欣快乐,王者的百姓无忧无虑。

简言之,"王道"与"霸道",其关键不在"道"之不同,而在担当者之不同,实现路径之不同。"王道"是有王行道;"霸道"是圣王不作,只好诸侯之伯站出来,由霸行道。霸者,伯也。此事绝如一家之中,先是父亲主持公道,后来父亲衰老甚或昏聩,便由大哥主持家务,主持公道。王道也者,父道也;霸道也者,伯道也,兄道也。父亲主持家事,有身份在,其权威来自天赋天胤,故可以不论实力,所谓"以德行仁"之"德",不光是指他的伦理德性,也是指自然天赋之禀性赋予父亲身份以相应的权威——如此,"以德行仁者王",乃是王以其"身份"行仁。而兄长主持家事,由于缺少父亲这个天然家长的"德"(身份),当然需要有能力有实力,如此才可以服众,所谓"以力假仁",正是对兄道的客观描述,是兄道之无可奈何处、不得已处,并非专指霸者纯任武力或喜欢动用武力。

管仲,就是春秋时期的带头大哥之一。

王道之代表,是尧舜禹汤文武周公;而霸道的代表人物,就是齐桓公和管仲。

3

但是,管仲的横空出世,绝赖于另外一个人,这个人就是鲍叔牙。他一生事迹中,最为中国人熟知的,贩夫走卒都津津乐道的,甚至不是他的霸业,而是他和管仲的交往。没有这个人,管仲出不来。《韩非子·说林下》记载:

> 鲁人拘管仲而效之,鲍叔言而相之。故谚曰:"巫咸虽善祝,不能自祓也;秦医虽善除,不能自弹也。"以管仲之圣而待鲍叔之助,此鄙谚所谓"虏自卖裘而不售,士自誉辩而不信"者也。

韩非的意思是:管仲当然厉害啦!但是,没有鲍叔牙,他出不来。

这就要讲到一个典故了:管鲍之交。我们直接看司马迁的《史记·管晏列传》:

> 管仲夷吾者，颍上人也。少时常与鲍叔牙游，鲍叔知其贤。管仲贫困，常欺鲍叔，鲍叔终善遇之，不以为言。已而鲍叔事齐公子小白，管仲事公子纠。及小白立为桓公，公子纠死，管仲囚焉。鲍叔遂进管仲。管仲既用，任政于齐，齐桓公以霸，九合诸侯，一匡天下，管仲之谋也。
>
> 管仲曰："吾始困时，尝与鲍叔贾，分财利多自与，鲍叔不以我为贪，知我贫也。吾尝为鲍叔谋事而更穷困，鲍叔不以我为愚，知时有利不利也。吾尝三仕三见逐于君，鲍叔不以我为不肖，知我不遭时也。吾尝三战三走，鲍叔不以我怯，知我有老母也。公子纠败，召忽死之，吾幽囚受辱，鲍叔不以我为无耻，知我不羞小节而耻功名不显于天下也。生我者父母，知我者鲍子也。"
>
> 鲍叔牙既进管仲，以身下之。子孙世禄于齐，有封邑者十余世，常为名大夫。天下不多管仲之贤而多鲍叔能知人也！

按照今天的文章分段法，这是《管晏列传》的前三段。看这前三段，你觉得司马迁这是在给管仲作传吗？不，这是在给鲍叔牙作传呢！三百多字，鲍叔牙的名字出现了十六次，而传主管仲的名字，只出现了十次。更重要的是，每一段的重点，都是鲍叔牙；尤其第二段，借管仲之口，讲述鲍叔牙对他的种种关照提携，简直就是一篇"鲍叔牙赞"！

更有意思的是，管仲传竟然不交代传主管仲的承绪后代，而交代鲍叔牙的子孙繁茂，此诚乃太史公"不多管仲之贤而多鲍叔能知人也"！

管仲感激万端说鲍叔牙与他交往的这一段，我简单梳理了一下：

管仲当初贫困的时候，曾经和鲍叔牙经商，分财利时管仲常常多拿一些，但鲍叔牙不认为管仲贪财，而是认为管仲生活贫困，只能如此。

管仲曾经为鲍叔牙谋划事务，结果却使鲍叔牙陷入更大的困境，但鲍叔牙不认为是管仲愚笨，他知道时机有利和不利，不是管仲的责任。

管仲曾经多次做官，又多次被君主免职，但鲍叔牙不认为这是管仲没有才干，而是认为管仲没有遇到好时机。

管仲曾多次上战场作战，又多次临阵逃跑，但鲍叔牙不认为是管仲贪生怕死，而是认为管仲家里还有老母，管仲丢不下。

公子纠谋求做齐国国君失败，与管仲一同辅助公子纠的召忽为公子纠殉死，管仲不愿意就这样死了，宁愿被关在深牢中受屈辱。但鲍叔牙不认为管仲无耻，而是认为管仲不会为小节而羞，却会因为功名不曾显耀于天下而耻。

鲍叔牙不仅不认为管仲忍辱不死是无耻不忠，还救了他一命。《左传·庄公九年》记载：

> 鲍叔帅师来言曰："子纠，亲也，请君讨之。管、召，仇也，请受而甘心焉。"乃杀子纠于生窦，召忽死之。管仲请囚，鲍叔受之，及堂阜而税之。

公子小白回到齐国即位后，命鲍叔牙率兵攻打鲁国，要逼鲁国杀死和他争位的公子纠以消除隐患。鲍叔牙带领军队到鲁国，对鲁庄公致辞说："子纠，是我们国君的亲属，就请贵国国君诛杀他。管仲、召忽，是我们君王的仇人，请交给我们，让我们称心快意地处置他们。"于是，鲁国杀了公子纠，召忽殉死自杀，管仲被鲍叔牙带回，到了齐国堂阜，就解开管仲的枷锁，让他自由了。

鲍叔牙不仅救了管仲，让他回国，还推荐他做新君的相。要知道，这本来是鲍叔牙自己的位子，《左传·庄公九年》接上面的引文还有两句：

> 归而以告曰："管夷吾治于高傒，使相可也。"公从之。

回国后，鲍叔牙向齐桓公禀报说："管仲的才能高过高傒，可以让他辅佐君王。"高傒是谁？高傒是齐国的老贵族，与公子小白关系极好，公子小白能回国抢到国君之位，外有鲍叔牙，内有高傒。鲍叔牙自己不做相位，想必高傒也就没有什么话说。结果是，齐桓公答应了。

《左传》记事简略。对于杀己仇人，齐桓公哪里能那么大度？这中间，有着鲍叔牙的一番剖肝沥胆的劝诫。

汉朝韩婴所著的《韩诗外传》载鲍叔牙把管仲推荐给齐桓公的时候说：

八 管鲍之交：中国式友谊

> 臣所不如管夷吾者五：宽惠柔爱，臣弗如也；忠信可结于百姓，臣弗如也；制礼约法于四方，臣弗如也；决狱折中，臣弗如也；执枹鼓立于军门使士卒勇，臣弗如也。

管仲的这五个优点，我们在管仲此前的各项经历中看不出来，但鲍叔牙知道，这是眼光；鲍叔牙一下子说出自己五个不如管仲的地方，不惜自贬以抬高对方，这是胸襟。

很多时候，看出别人的能力优点，只是第一步。能否举荐他甚至使之超越自己，则需要胸襟。后来战国时魏国的公叔痤，也看出了商鞅的才能，但是他出于私心，直到自己临死前，才向魏惠王推荐商鞅。公叔痤所缺乏的，就是鲍叔牙所具备的。两个"叔"，差距很大。

其实鲍叔牙并非无能之人，也不是置身事外之辈，齐桓之霸业，管仲固然有首功，但也少不了鲍叔牙的辅佐。《韩非子·外储说右下》载苏代言曰：

> 昔桓公之霸也，内事属鲍叔，外事属管仲，桓公被发而御妇人，日游于市。

《韩非子·难一》也有"昔者齐桓公两用管仲、鲍叔"之言，可见，鲍叔牙是深度介入齐桓霸业的人物。齐桓霸业，有管仲的一半，也有鲍叔牙的一半。

鲍叔牙之所以自贬，那是为了相对地抬高管仲。这种胸襟，确实古今无两。

好，再看《列子·力命》的记载：

> 鲍叔牙谓桓公曰："管夷吾能，可以治国。"桓公曰："我仇也，愿杀之。"鲍叔牙曰："吾闻贤君无私怨，且人能为其主，亦必能为人君。如欲霸王，非夷吾其弗可。君必舍之！"遂召管仲。鲁归之齐，鲍叔牙郊迎，释其囚。桓公礼之，而位于高国之上，鲍叔牙以身下之，任以国政，号曰仲父。桓公遂霸。

韩婴《韩诗外传》所记，是鲍叔牙用自贬的方式抬高管仲，这一段则是鲍叔牙给齐桓公讲政治伦理：从君主的角度讲，"贤君无私怨"，以国事为重；从臣下的角度讲，"人能为其主，亦必能为人君"，像管仲这样为公子纠尽心尽力的人，也一定能为国君尽心尽力。接下来的文字，又是管仲叹曰：

> 吾少穷困时，尝与鲍叔贾，分财多自与；鲍叔不以我为贪，知我贫也。吾尝为鲍叔谋事而大穷困，鲍叔不以我为愚，知时有利不利也。吾尝三仕，三见逐于君，鲍叔不以我为不肖，知我不遭时也。吾尝三战三北，鲍叔不以我为怯，知我有老母也。公子纠败，召忽死之，吾幽囚受辱；鲍叔不以我为无耻，知我不羞小节而耻功名不显于天下也。生我者父母，知我者鲍叔也！

八 管鲍之交：中国式友谊

最后是作者的评价：

> 此世称管鲍善交者，小白善用能者。

其实，还有一个人，也这样理解管仲，那就是孔子。《孔子家语·致思》这样记载：

> 子路问于孔子曰："管仲之为人何如？"子曰："仁也。"
> 子路曰："昔管仲说襄公，公不受，是不辩也；欲立公子纠而不能，是不智也；家残于齐而无忧色，是不慈也；桎梏而居槛车，无惭心，是无愧也；事所射之君，是不贞也；召忽死之，管仲不死，是不忠也。仁人之道，固若是乎？"
> 孔子曰："管仲说襄公，襄公不受，公之暗也；欲立子纠而不能，不遇时也；家残于齐而无忧色，是知权命也；桎梏而无惭心，自裁审也；事所射之君，通于变也；不死子纠，量轻重也。夫子纠未成君，管仲未成臣，管仲才度义，管仲不死束缚而立功名，未可非也。召忽虽死，过与取仁，未足多也。"

子路问了孔子一个问题："管仲的为人怎样？"孔子回答："仁也。"

可是子路不服。他说："管仲游说齐襄公，齐襄公不听从，说明管仲没口才；他想立公子纠为国君却没能成功，说明他没有才智;家人在齐国遭到杀害他没有忧伤,说明他没有仁慈心;戴着镣铐坐在囚车上他毫不羞愧,说明他没有羞耻心;侍奉自己曾经用箭射过的国君,说明他不坚贞;召忽为公子纠殉死而他不死,说明他不忠诚。这样的人难道可以称为仁人吗?"

言之凿凿,在子路眼里,管仲一无是处。可是,对管仲的上述问题,孔子是怎么看的呢?孔子说:"管仲游说齐襄公,齐襄公不听从,那是襄公昏聩;他想立公子纠为国君却没能成功,那是时运不济;家人在齐国遭到杀害他没有忧伤,那是他知道审度时命;戴着镣铐坐在囚车上他毫不羞愧,那是他能把握自己;侍奉自己曾经用箭射过的国君,那是他知道随机应变;召忽为公子纠殉死而他不死,那是他知道轻重。"

这段对话和《论语》中所记的子路、孔子对待管仲的态度是一致的。尤其值得注意的是:孔子为管仲辩护的态度是一致的、坚定的、不同流俗的。

管仲的知音有两个:他生前是鲍叔牙,他死后是孔仲尼。一个给了他生前的事业,一个给了他死后的评价。

鲍叔牙知管仲,管仲自己也得自知。上面孔子讲的那一大段,讲的就是管仲自知。这种自知,后来的韩信也有过。没有这种自知,自暴自弃了,知音又何能为哉!孟子曰:"自暴者,不可与有言也;

八 管鲍之交：中国式友谊

自弃者，不可与有为也。"（《孟子·离娄上》）鲍叔牙知管仲，不光是知道他的才能，还知道他的志向；知道他不是一个自暴自弃的人，不是一个轻易放弃的人。

鲍叔牙固然知管仲，但管仲也知鲍叔牙。管仲在鲍叔牙面前不怕暴露自己的各种缺点毛病，甚至占鲍叔牙的便宜，也是出于他对鲍叔牙的了解：他知道鲍叔牙气度恢宏，眼界高远，爱才惜才，不会计较他的小德出入。

上文提到，齐国的霸业，有管仲的一半功劳，也有鲍叔的一半功劳。《管子·小匡》上说："使鲍叔牙为大谏。"何为"大谏"？尹知章注："所以谏正君。"

如果说，管仲是教齐桓公做事，那么，鲍叔牙就是教齐桓公不能做什么事。如果说，管仲是带着齐桓公做大事，那么，鲍叔牙就是要齐桓公做正事。有大有正，才是正大的霸业和霸主。孔子夸齐桓公"九合诸侯，一匡天下"，又夸他"正而不谲"，这个"九合诸侯"，是管仲的功劳，而这个"匡"、这个"正"，很大程度上是鲍叔牙的功劳。谓予不信，请看《管子·小称》记载：

> 桓公、管仲、鲍叔牙、宁戚四人饮，饮酣，桓公谓鲍叔牙曰："阖不起为寡人寿乎？"鲍叔牙奉杯而起曰："使公毋忘出如莒时也，使管子毋忘束缚在鲁也，使宁戚毋忘饭牛车下也。"桓公辟席再拜曰："寡人与二大夫能无忘夫子之言，则国之社稷必不危矣。"

居安思危，不骄不躁，不忘初心，励精图治，这是鲍叔牙对齐桓公霸业集团整体性的训诫。从某种意义上说，鲍叔牙是这个春秋时期最有力量的霸业团队的压舱石和黏合剂。

管仲对鲍叔牙的了解，还体现在死前对齐桓公的进言上。《庄子·徐无鬼》记载：

> 管仲有病，桓公问之曰："仲父之病病矣，可不谓云！至于大病，则寡人恶乎属国而可？"管仲曰："公谁欲与？"公曰："鲍叔牙。"曰："不可。其为人絜廉，善士也；其于不己若者不比之；又一闻人之过，终身不忘。使之治国，上且钩乎君，下且逆乎民。其得罪于君也，将弗久矣！"

管仲的意思是，像鲍叔牙这样的人，做个谏官最合适，如果直接做事，难免上钳制君，下违逆民，最后一定会得罪于君，大祸临头。鲍叔牙也是一个自知的人——自知不可做宰相，所以推举管仲。这既是知管仲，也是知自己。

上面我讲到孔子理解管仲，但孔子更尊敬的，却是鲍叔牙。韩婴《韩诗外传》说：

> 子贡问大臣。子曰："齐有鲍叔，郑有子皮。"
> 子贡曰："否！齐有管仲，郑有东里子产。"
> 孔子曰："然。吾闻鲍叔之荐管仲也，子皮之荐子产也。未闻管仲、子产有所荐也。"

八 管鲍之交：中国式友谊

> 子贡曰："然则荐贤贤于贤？"曰："知贤，智也；推贤，仁也；引贤，义也。有此三者，又何加焉？"

以"智、仁、义"来推许鲍叔牙，孔子对鲍叔牙的推崇，又何加焉！

我们来看看管仲、鲍叔牙、孔子这三者的关系。

管仲是个行政人才，主持了王道之后第一任霸道的工作，相当于父亲老迈之后大哥的第一次当家。当得相当不错，尊王攘夷，扶持诸侯，很有大哥风范。但是，如果没有鲍叔牙，就不会有他这番事业；如果没有管仲和他的这番事业，就没有了孔子；没有了孔子，就没有七十子之徒，哪里还有子贡、子路对管仲的说三道四？如果孔子都披发左衽，那么中国文化也就湮灭无闻了。尧、舜、禹、汤、文、武、周公，后面接着的是孔子、孟子，但是，如果没有管仲，哪里还有这个接续的桥梁呢？

中国文化有道统，而这个道统在快要绝灭之时，管仲是承绪的桥梁，而造桥的人则是鲍叔牙啊。

如此说来，某种意义上来讲，没有鲍叔牙也就没有中国文化了。

管鲍之交，后来成为朋友交往的典型，传誉千载。这个故事的内核，就是"知音"。鲍叔牙知管仲，而管仲也不辜负鲍叔牙。不辜负鲍叔牙的方法，不是对鲍叔牙本人有什么报答，而是管仲不辜负自己的才华，并用自己的才华维系华夏，传承文明。

顺便说一下"知音"的典故。《列子·汤问》中记载了一个故事：

> 伯牙善鼓琴，钟子期善听。伯牙鼓琴，志在登高山。钟子期曰："善哉！峨峨兮若泰山！"志在流水。钟子期曰："善哉！洋洋兮若江河！"伯牙所念，钟子期必得之。
>
> 伯牙游于泰山之阴，卒逢暴雨，止于岩下，心悲，乃援琴而鼓之。初为霖雨之操，更造崩山之音。曲每奏，钟子期辄穷其趣。伯牙乃舍琴而叹曰："善哉！善哉！子之听夫！志想象犹吾心也。吾于何逃声哉？"

伯牙擅长弹琴，钟子期擅长欣赏音乐。伯牙弹琴，若意在表现高山，钟子期会说："弹得真好啊！巍峨如同泰山！"若意在表现流水，钟子期就说："弹得真好啊！浩浩汤汤如江河！"伯牙心中所想的，钟子期一定能领会到。

伯牙到泰山的北面游玩，突然遇到了暴雨，在岩下避雨，心里感到很悲伤，于是就取出琴弹奏起来。刚开始是表现连绵大雨的曲子，又弹奏了大山崩裂的声音。每次弹奏乐曲的时候，钟子期总是能透彻理解他音乐中的心声。伯牙于是放下琴感叹地说："好啊，好啊，你这样的听者，心之所想就像我心中的一样。我该把我的心声藏到哪里呢？"

《吕氏春秋·本味》还说：

> 钟子期死，伯牙破琴绝弦，终身不复鼓琴，以为世无足复为鼓琴者。

"知音"就是"知心"。而管鲍之交，则向我们展示了友谊的深度，以及一个人对另外一个人的理解、同情和襄助能达到的程度。

鲍叔牙对管仲的"知"，比伯牙对钟子期更高，因为，鲍叔牙对管仲，不仅是知音知心，更是"知志"，并且，尽己所能，帮助对方实现宏志。此所谓"君子成人之美"乎？

九 孟姜女哭长城：中国良知

秦始皇统一中国后，在全国各地抓捕壮丁民夫，修筑万里长城。孟姜女的丈夫万喜良也被抓去做民夫，去后杳无音信。眼看天寒地冻，孟姜女思念丈夫，担心丈夫，连夜赶制寒衣，然后辞别家乡，风餐露宿，万里跋涉，一路打探着寻到长城脚下，却听得修长城的民夫说丈夫早已累死，尸体不知埋于何处。孟姜女顿时痛哭失声，哭得日月无光、天昏地暗、秋风悲号、海水扬波，长城在她的哭声中，一段段倒塌，崩塌足有八百里，一堆堆死人骨露出来。

——民间传说

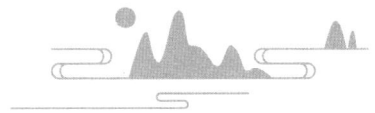

1

在中国，有所谓的四大民间传说，它们是：《牛郎织女》《孟姜女哭长城》《梁山伯与祝英台》《白蛇传》。

在这四大传说里，《孟姜女哭长城》是最具有政治意义的。

有意思的是，这个传说，还真有个历史的起源。那就是《左传·襄公二十三年》中的一条不为人注意的记载：

> 齐侯归，遇杞梁之妻于郊，使吊之。辞曰："殖之有罪，何辱命焉？若免于罪，犹有先人之敝庐在，下妾不得与郊吊。"齐侯吊诸其室。

襄公二十三年（公元前550年），齐庄公攻打莒国，齐将杞梁（也作杞殖）战死；齐侯回来，在郊外遇见杞梁的妻子，派人就在郊外向她吊唁。可是杞梁妻子不接受，说："如果杞殖有罪，哪里还敢劳烦国君派人吊唁？如果我丈夫没罪，先人传下来的寒舍还在，好歹有个家，下妾不能接受在郊外的吊唁。"话说得合情合理，尤其是合礼。齐庄公很尴尬，只好屈尊到她的家里吊唁。

这里没有"孟姜女"，没有"哭"，没有长城，更没有秦始皇。这事发生在东方的齐国，与西方的秦国毫无关系。而且时间在春秋后期，秦始皇派蒙恬筑长城还得三百多年之后呢。

那么，这个故事为什么能进入《左传》呢？杞梁妻的所言所行，有什么价值，值得记入正史受到表彰呢？

答案很简单：因为她维护了礼。

礼可是儒家最重视的东西。"为国以礼"，治国都得依礼，而且，"国之大事，在祀与戎"（《左传·成公十三年》）。这种吊唁祭祀之类的事属于礼的范畴。在周朝，礼乐相当于宪法。顺便说一下，宪法这个"宪"字，《康熙字典》释曰："《诗·大雅》：文武是宪。《笺》：宪，表也，言为文武之表式也。因宪为表式之义，故人之取法，亦谓之宪。《书·说命》：惟圣时宪。《传》：宪，法也，言圣王法天，以立教于下也。"《礼记·中庸》记载："仲尼祖述尧舜，宪章文武。"文武（即周文王、周武王）的宪法是什么？就是"礼乐制度"，周公"制礼作乐"之所以被后人一再推崇，就是因为他是周朝宪法制定者。所以，礼乐当时几乎是国命所系，马虎不得。虽然越到后来越模糊，总有人想敷衍了事，但碰到较真的人，跟你抬杠到桌面上，对你作"违宪"指控，你也兜不住。所以，此时的齐庄公攻打莒国失败而归，死了两员大将，心情灰暗又惭愧，在郊外碰到其中一位战死将士杞梁的妻子，本想马虎一下，就在郊外举行一个简单的吊唁仪式，和家属说声"节哀顺变",然后就了了。但杞梁的妻子委婉而坚决地拒绝接受。齐庄公不得不终止这个马虎的仪式,改为到杞梁的家中做正式的吊唁。

杞梁之妻的这个行为,在当时君子眼里是合乎礼的。她不仅是在维护自家的利益、自己丈夫的身份地位和名誉,她更是在维护礼,坚持以礼办事。那是一个礼坏乐崩的时代,是儒家文化危机感最强烈的时代。在儒家看来,如果人人都这样坚持,礼就不会崩,乐就不会坏,克己复礼,天下的规矩就有了。所以,这事被记入正史,其目的就是要正人伦移风俗。《左传》是《春秋》三传之一,《春秋》为孔子所作,《左传》专门注解《春秋》,其作者左丘明是征圣宗经的人物。

接下来,杞梁之妻就被一个更伟大的人称道,这个人便是圣人孔子的学生——"宗圣"曾参。《礼记·檀弓下》记载:

> 哀公使人吊蕢尚,遇诸道。辟于路,画宫而受吊焉。曾子曰:"蕢尚不如杞梁之妻之知礼也。齐庄公袭莒于夺,杞梁死焉。其妻迎其柩于路而哭之哀,庄公使人吊之,对曰:'君之臣不免于罪,则将肆诸市朝,而妻妾执;君之臣免于罪,则有先人之敝庐在,君无所辱命。'"

鲁哀公派人去向臣子蕢尚表示吊唁,在路上遇见了灵柩,于是蕢尚当即扫除道路,就在地上画上殡宫的形状假作是房了,在路上接受吊唁,马虎一下就过去了。曾子说:"蕢尚还不如杞梁的妻子懂礼呢。齐庄公袭击莒国，杞梁战死，杞梁的妻子在路上迎接杞梁的棺柩而哭他，哭得很哀痛。齐庄公派人吊唁，她回答说：'君的臣如果不能免罪，就要把他陈尸市朝，而妻妾也当被捕；如果君的臣能得免罪，那我家还有先人留下的破旧住宅在，不可在路上接受吊唁而辱没君命。'"

《礼记》是什么书？《礼记》专门记载先秦时期国家礼仪制度、条例并解释周礼价值，里面包含着对各种依礼行为的表扬和对违礼行为的批评。曾子在这段话里，就批评了一个作为士的男人，赞扬了一个作为士的家属的女人。按说，郊野不可举行吊礼，吊礼应该在殡宫举行，死者家人要在殡宫接受宾客的慰问，哀公的使者在路上遇到柩车，面对国君的使者，蒉尚不敢坚持礼制，就在地上画了殡宫的图，然后就位受吊。而杞梁的妻子则能不卑不亢，持礼守礼，齐庄公也不得不遵照执行。一个是不敢坚持礼制的男人，一个敢于坚持礼制的女人，曾子的言下之意是：一个读书的大男人，还比不上一个家庭妇女，丢人。

但是，曾子的话里，有一个要素出来了：那就是"哭"，而且是"哭之哀"。这是《左传》没有的。这就为后来这个故事主要情节的展开开辟了广阔的空间。民间的想象力就是从这个点上爆发出来的。

那么，这个"哭"，对于儒家有什么重要性呢？曾子为什么特别说这个？

这就要提到"亚圣"孟子了。《孟子·告子下》里也提到这位杞梁之妻：

> （淳于髡）曰："昔者王豹处于淇，而河西善讴；绵驹处于高唐，而齐右善歌；华周、杞梁之妻善哭其夫，而变国俗。"

这段话的大意是：从前王豹住在淇水，河西的人就都善于讴歌；绵驹住在高唐，齐国西部的人就都善于唱歌；华周、杞梁的妻子痛哭他们死去的丈夫，因而改变了整个国家的风俗。

这段话不是孟子说的，但是记载在《孟子》这本书里，并被孟子认可。值得注意的是，这里的"华周、杞梁之妻善哭其夫"的"善哭"，是和王豹的"善讴"、绵驹的"善歌"并提的。王豹、绵驹都是那个时代的顶级歌唱家，这"唱"和"哭"怎么搁在一块了呢？"讴"与"歌"是需要技巧和天赋的，故有善有不善；"哭"，难道也要技巧吗？怎么会说一个人"善哭"呢？

这我要说一下。在先秦礼制里面，"哭"，当然可以是自然而然、情不自禁情发于中的悲痛之哭，如《论语·子张》里曾子说的：

> 曾子曰："吾闻诸夫子：人未有自致者也，必也亲丧乎！"

这个"自致"，就是指亲丧之时的悲痛，自然而来，不能自制。但在礼制时代，"哭"也是礼仪的一个必要程序，是个礼节礼数。《论语·述而》里记载："子于是日哭，则不歌。"这个"哭"，就是哭丧之"哭"，是一种礼节式的哭。哭，是要哭出那种感觉的。即使到今天，乡下人办丧事，也得有一些晚辈的女子，环绕趴伏灵柩，没有吊丧人来，就一起谈谈心拉拉家常；一旦有吊丧的人来，必一齐放声悲哭。哭得好的，夹叙夹议，百转千回，催人泪下。这种哭，与歌讴已经很相近，就是哀乐的意思了。哀乐哀乐，哀也是一种乐啊。

《古诗十九首·西北有高楼》云：

> 西北有高楼，上与浮云齐。
> 交疏结绮窗，阿阁三重阶。
> 上有弦歌声，音响一何悲！
> 谁能为此曲，无乃杞梁妻。
> 清商随风发，中曲正徘徊。
> 一弹再三叹，慷慨有余哀。
> 不惜歌者苦，但伤知音稀。
> 愿为双鸿鹄，奋翅起高飞。

在这里，杞梁妻就不是"哭"，而是"为此曲"之弦歌了。这也是顾颉刚先生所注意到的，他还引用了西汉王褒《洞箫赋》里形容箫声的句子：

> 钟期、牙、旷怅然而愕兮，杞梁之妻不能为其气。

注意到了吗？杞梁妻变成绝顶音乐家了，与钟子期、伯牙和师旷平起平坐了。

至此，杞梁之妻由一个政治经典中维护礼制的形象，变成了文人艺术创作中抒发情感的艺术家形象。简言之，政治的、伦理的、历史的杞梁之妻，渐渐演变为文学的、艺术的、诗歌的杞梁之妻——历史上真实的杞梁之妻，渐渐地转变为艺术上虚构的人物了。

当然，这种歌、讴、哭，都是礼，是人情，是政治，是风俗，也是教化。且看《荀子·乐论》云：

> 乐者，圣人之所乐也，而可以善民心，其感人深，其移风易俗，故先王导之以礼乐而民和睦。

《孝经·广要道》云：

> 移风易俗，莫善于乐。

《诗大序》云：

> 诗者，志之所之也。在心为志，发言为诗。情动于中而形于言。言之不足，故嗟叹之；嗟叹之不足，故永歌之；永歌之不足，不知手之舞之、足之蹈之也。
>
> 情发于声，声成文谓之音。治世之音安以乐，其政和；乱世之音怨以怒，其政乖；亡国之音哀以思，其民困。故正

得失，动天地，感鬼神，莫近于诗。先王以是经夫妇，成孝敬，厚人伦，美教化，移风俗。

明白这些，你就知道为什么曾子要在《左传》简单记录的基础上，特别加上杞梁之妻"哭之哀"，这当然是讲杞梁之妻为丈夫战死而悲伤，但也是讲，她的哭是丧礼的一部分，她这样哀哀恸哭，是合乎礼的，是按照礼的要求做的，还发乎情，也是止乎礼。"止乎礼"，是落实在礼上、呈现为礼的意思，并不是说到了"礼"这里，情就终止了。"止"在这里，是落脚的意思，不是终止的意思。曾子说，"慎终追远"是可以使"民德归厚"的。所以，曾子强调杞梁之妻"哭之哀"，是出于"礼"的考虑。但他没想到，民间接过这个话头，把它往"情"的方向发展了。这个情，就是人之常情——人是要追求幸福的，不幸福，就要哭。韩愈说"大凡物不得其平则鸣"，一个人受委屈了，遭冤枉了，被伤害了，他就要哭，这是控诉。

顾颉刚先生其实注意到了民间情绪在这里有失控的危险——与儒家的"发乎情，止乎礼"有冲突了，但是，正是如此，孟姜女的故事才得以成为现在这样生龙活虎、痛快淋漓、疾恶如仇的样貌，这样鲜明的民意让我们看到了一个民族的血性，看到了一个民族的爱恨情仇与快意恩仇。

但这样说，也许有点儿委屈儒家的"礼"。其实，儒家的"礼"，本身也包含着对权力的藐视与约束。在作为孟姜女故事原型来源的《左传·襄公二十三年》的记载中，齐庄公最后必须按照杞殖

九 孟姜女哭长城：中国良知

之妻的意志来家里吊唁，这就是权力的傲慢颟顸受到了抵抗，而杞殖之妻抵抗齐庄公权力的依仗就是礼。如果不是礼以及礼所赋予的士的权利，一个武士的妻子凭什么和齐庄公对抗？齐庄公为什么会屈从？这种事在后来的封建集权社会里，几乎无法想象。这就是礼制社会和后来权治社会的不同。

其实孟姜女故事后来的民间想象，也有"礼"的依仗在。在民间的判断中，秦始皇之所以为他们所唾弃，就是因为他是违背伦理的，是失去道义的；他修筑长城，涂炭天下之生灵，离散天下之子女，是无理的。无理，就是无礼；无礼，就要被抵制、谴责。从这一点上讲，杞梁之妻对答齐庄公与孟姜女痛骂秦始皇，有着相同的逻辑和论据。正因为如此，才会有后来的故事演进。

儒家的礼，本来就是"权利"的护佑，让"权利"有凭有据地与"权力"抗衡。这是文化的DNA，没有这个DNA，就不会有后来这个故事的蓬勃展开，也不会有顾颉刚认为的"失礼"。在后儒眼中的"失礼"，恰恰是先秦儒家之礼或周朝之礼的坚守。因为先儒之礼，其本质就是对权力的屏障，甚至是取而代之。

但是，我们还要说，随着时间的推移，文化经典、文人诗歌中对杞梁之妻拒绝郊吊的记录，渐渐由"礼"向"情"演进，由制度向艺术演进，而其政治意义则更加突出。

杞梁之妻由历史人物变为虚构人物——因为虚构了她的事迹而使得她的形象脱离了真实，也渐渐脱离当初拉她进入堂皇正史的史学家的初心，使得她的形象和故事，获得了一个广阔的可再造可嫁接的空间和可能性。她等待着一个更大的载体或土壤，从而获得更加绚丽的生长。如果说此刻的杞梁之妻的故事是一枝摇曳多姿的花,那么,这枝花还需要一棵更大的树嫁接过去,才能获得更高、更蓬勃的绚烂。

非常幸运,在远方,真有这样的一棵大树,在独立生长。

2

与杞梁之妻由历史人物变为虚构人物同时,在一个看似毫不相关的地方,一个主题也在悄悄地孕育、延续,渐渐成为气候。这个主题,看似与杞梁之妻的故事如两条平行线,但最终,它们会在未来相遇相交。

我们往下看。

汉末,"建安七子"之一的陈琳有《饮马长城窟行》诗云:

> 饮马长城窟,水寒伤马骨。
> 往谓长城吏,慎莫稽留太原卒!
> 官作自有程,举筑谐汝声!
> 男儿宁当格斗死,何能怫郁筑长城。
> 长城何连连,连连三千里。
> 边城多健少,内舍多寡妇。
> 作书与内舍,便嫁莫留住。
> 善事新姑嫜,时时念我故夫子!

报书往边地,君今出语一何鄙?
身在祸难中,何为稽留他家子?
生男慎莫举,生女哺用脯。
君独不见长城下,死人骸骨相撑拄。
结发行事君,慊慊心意关。
明知边地苦,贱妾何能久自全?

我为什么要提这首诗?因为,这首本来与杞梁之妻毫无关系的诗,却最终影响了这个历史故事的走向,使它从历史变成了文学,从青史的班班可考变成了民间的口耳相传。这是孟姜女故事的又一个源头,当它们汇流的时候,孟姜女哭长城这一伟大的故事,就会破茧而出。

其实,《饮马长城窟行》是乐府旧题,并且和秦始皇修筑的秦长城直接相关。郭茂倩《乐府诗集》如此为《饮马长城窟行》解题:

一曰《饮马行》。长城,秦所筑以备胡者。其下有泉窟,可以饮马。古辞云:"青青河畔草,绵绵思远道。"言征戍之客至于长城而饮其马,妇人思念其勤劳,故作是曲也。郦道元《水经注》曰:"始皇二十四年,使太子扶苏与蒙恬筑长城,起自临洮,至于碣石。东暨辽海,西并阴山,凡万余里。民怨劳苦,故杨泉《物理论》曰:'秦筑长城,死者相属。'民歌曰:'生男慎勿举,生女哺用脯。不见长城下，尸骸相支拄。'其冤痛如此。今白道南谷口有长城，自城北出有高坂，傍有土穴出泉，挹之不穷。歌录云：'饮马长城窟'，信非虚言也。"《乐府解题》曰："古词，伤良人游荡不归，或云蔡邕之辞。若魏陈琳辞云：'饮马长城窟，水寒伤马骨。'则言秦人苦长城之役也。"《广题》曰："长城南有溪坂，上有土窟，窟中泉流。汉时将士征塞北，皆饮马此水也。按赵武灵王既袭胡服，自代并阴山下至高阙为塞。山下有长城，武灵王之所筑也。其山中断，望之若双阙，所谓高阙者焉。"《古今乐录》曰："王僧虔《技录》云：'《饮马行》，今不歌。'"

《饮马长城窟行》是一个直接关于长城的诗题。这也是人类的诗题直接与人类的一个创造物相关联，或者说，一个人类的创造物，直接催生了一种诗题。民间的或文人的创作，在这个题材上，集中吟咏。单是《乐府诗集》中收辑的《饮马长城窟行》同题诗，就有十七首之多。

而且，这个乐府旧题，从它产生的那一刻起就是悲哀的。为什么？因为，长城从它筑造的那一刻起，就注定是一个悲哀的故事，是一个民族的伤痛，并成为民族的创伤记忆。

乐府诗，其来源就是民间，由民间逐渐影响文人的记录和模仿，并启迪文人的创造和优化。郦道元的《水经注》就提到了杨泉《物理论》和当时流传的民歌。《饮马长城窟行》作为乐府旧题，最早的来源就是民歌。

九 孟姜女哭长城：中国良知

长城本来也是一个历史事件，而秦长城更是这个历史事件的最大宗。与孟姜女的故事一样，长城的故事，也由朝廷的记录和叙述，渐渐加入了民间的理解、阐释和叙述。民歌出现了，民间的力量加入了创造；民间的情愫、判断和是非进来了，民间的想象力也进来了；历史加入了想象力，历史就变成文学了。长城，最终也演变为中国文学史上的一个重要母题。

杞梁之妻的故事，长城的歌咏，终于在唐代实现了合流。一个伟大的主题，在嫁接中诞生了。

在唐代，发源于《左传》的一个有关齐国将士妻子的故事，就变成了一个燕人的故事，齐人杞梁变成了燕人杞良。唐代《琱玉集》收录的《同贤记》，记载了孟仲姿的故事，顾颉刚的《孟姜女故事研究》转引道：

> 《同贤记》……说燕人杞良避始皇筑长城之役，逃入孟超后园；孟超女仲姿浴于池中，仰见之，请为其妻。……夫妻礼毕，良回作所；主典怒其逃走，打杀之，筑城内。仲姿既知，往向城哭。死人白骨交横，不能辨别，乃刺指血滴白骨，云："若是杞良骨者，血可流入。"沥至良骸，血流径入，便收归葬之。这个记载比较（了）以前的传说顿然换了一副新面目。第一，它把杞梁改名为良，并且变成了秦朝的燕人而筑长城了。第二，它把杞梁之妻的姓名说出了，是姓孟名仲姿。第三，杞良是避役被捉打杀，筑在长城内的，所以她要向城而哭。第四，筑入长城内的死尸太多，所以她要滴血认骨。

为什么要把杞良国籍改为燕国？就是要让这个故事和秦长城靠拢。陈琳和郦道元讲到了秦筑长城，讲到了筑长城死了很多人，白骨累累，但没讲到具体的人，缺少一个主角。现在，《同贤记》把这个任务完成了。它几乎鬼使神差地把八竿子打不着的杞梁之妻的故事嫁接了过来，至此，杞梁之妻的故事已经不再是严谨的历史记录，而是自由的文学想象。这一嫁接，这个历史故事的内涵一下子就变了：由贵族社会内部的守礼持礼维护自己分内权利，变成了下层平民与暴政的惨烈对撞。这种变化，其实也因应了社会结构的变化：封建时代的贵族权利时代，到唐朝已经变成了集权时代的平民权利时代。悲剧的是：贵族的个人权利，有"礼"来确立并保障；而平民的个人权利，在权力面前，根本没有任何保障。杞梁之妻拒绝郊吊只是一个端庄的值得赞美的故事，而孟姜女哭长城则是一个悲惨得让人唏嘘的故事。

《同贤记》里的故事情节更加生动。这就奠定了《孟姜女哭长城》传说的基调。《同贤记》里的故事，当为孟姜女传说的雏形。而孟姜女故事的基本形式和内核，在唐朝最终定型确立了。

更重要的是，当杞梁之妻有了名字之后，她其实获得的是新的身份和内涵：她由一个贵族妇女，变成了一介平民；由一个贵族争取自己体制内（礼制内）的身份及相应的待遇，变成了一个平民在无权无势、无任何权利保障的封建时代惨遭碾压之后的血泪控诉。

再看唐朝僧人贯休的《杞梁妻》：

九 孟姜女哭长城：中国良知

> 秦之无道兮四海枯，筑长城兮遮北胡。
> 筑人筑土一万里，杞梁贞妇啼呜呜。
> 上无父兮中无夫，下无子兮孤复孤。
> 一号城崩塞色苦，再号杞梁骨出土。
> 疲魂饥魄相逐归，陌上少年莫相非。

杞梁和杞梁妻由春秋时代的人变成了秦朝人，杞梁妻哭倒的，是秦长城。贯休成了对后世孟姜女传说影响最大的诗人。顾颉刚说："顾炎武在《日知录》中骂的'并《左传》《孟子》而未读'；汪价在《中州杂俎》中骂的'乖谬舛错，皆由僧贯休诗误也'。他们不知道一种传说能够使得文人引用，它的力量一定是大得超过了经典。贯休诗中这样说，正可见唐代盛行的孟姜女故事的面目是这样的呢。"（顾颉刚《孟姜女故事研究》）顾颉刚对顾炎武、汪价的批评，还是学者批评学者的逻辑，都从事实的角度；只不过顾炎武、汪价是从历史典籍记录的事实来批评贯休，而顾颉刚是从民间成型且成气候的传说的事实来批评顾炎武、汪价，都是立足于看得见的事实。

贯休是诗人，他要的不是历史真实，是艺术真实；他写的不是事实存在，而是心理存在；他要的不是那个事，而是那个理。他写诗，不是为了记录和传承历史，而是表达对历史和现实的理解与批判。也就是说，他只是在表达一种情绪，一种观念，一种历史价值观。这恰恰是我们研究孟姜女故事时，最需要注意的角度。从这个角度，我们不仅可以看到这个故事的演变转捩，以及它的生成动机、进化动力，更重要的是看到这个故事的真价值：这个故事里有一个民族的记忆力和判断力。无论怎么说，唐朝都是古代吾民族心智最为健全、精神最为舒展、德性最为圆满的时代。在这个时代，我们看到的艺术，其最感人心脾的，是其中包含的人类精神的自由，以及在自由状态下呈现出来的良知。

这个故事为什么会被创造出来？为什么会有这个故事？不是历史上真的发生过这样的事——好多后来喜欢秦始皇的人为秦始皇辩白，说这是对秦始皇的莫须有的污蔑和栽赃，他们说得对，并且一点儿不难就能说得对。但是，他们忘了，这个故事之所以会有，会被编造出来并风靡全国上千年（几乎中国各个地区都有孟姜女的传说），这背后有着强大的逻辑。逻辑真实有时比历史真实更能反映事物的本质——因为历史真实有时候不免于偶然和偶发，但逻辑真实一定有其必然性，而必然性是哲学意义上真实性的必要条件。

其实，贯休不是唯一一个把杞梁之妻和长城联系在一起的唐朝诗人，与他大约同处晚唐的诗人汪遵，有一首《杞梁墓》诗：

一叫长城万仞摧，杞梁遗骨逐妻回。
南邻北里皆孀妇，谁解坚心继此来？

还有晚唐昭宗年间苏拯的《长城》诗：

> 嬴氏设防胡，炼沙筑冤垒。
> 蒙公取勋名，岂算生民死。
> 运畚力不禁，碎身砂碛里。
> 黔黎欲半空，长城春未已。
> 皇天潜鼓怒，力化一女子。
> 遂使万雉崩，不尽数行泪。
> 自古进身者，本非陷物致。
> 当时文德修，不到三世地。

苏拯没点杞梁之妻，但他说的"一女子"，显然是指杞梁之妻的传说。

而且，还有一点更重要：唐朝诗人从生灵涂炭的角度写长城的很多，这其实是贯休、汪遵写诗的真实的基础。这也就是我前面说的，顾炎武、汪价仅从历史记录的角度来评价贯休，显然是狭隘了。贯休这首诗，有着更加坚实的真实性的支撑，那就是人心。有关长城题材的文人诗歌，为这一故事的广为流传，起到了推波助澜的作用。

到这里，我要提示一下，杞梁妻的事迹渐渐开始由经典进入民间，由文字记录变为口耳相传——也就是说，成了民间传说了。其实，我们从上面的叙述看得出，这个故事的原型不怎么样——故事本身没有多少曲折生动的情节，意义也单一。但是，一到民间，经了民间艺术家的舌灿莲花，这个故事，不知不觉之间，就蔚为大观。南宋的郑樵就已经感慨："杞梁之妻，于经传所言者数十言耳，彼则演成万千言。"（《通志·乐略》）元明清以后，这个故事更加地繁花似锦。但最重要的，还不是故事的篇幅长了，情节曲折多变了，而是一个新的主题出现了：反秦！

从郊外迎尸持礼谨重，变为万里寻夫哭长城；从内敛稳重的、为圣贤所推重的知书达礼的贵族夫人，变成了为民间喜欢的歌哭随意，甚至放肆放纵、发乎情而不止乎礼的乡村少妇。她的名字也出现了，有孟姜、孟姿、孟仲姿等，并且最终大约在晚唐定格为"孟姜女"这个既有经典之典雅，又有民间之朴实的名字。顾颉刚在《孟姜女故事研究》中认为："至于'孟姜'一名，三见《诗经·鄘风》和《郑风》，又都加上一个'美'字，说不定在春秋时即以为美女的通名，像现在说'西施'或'嫦娥'一样。《大雅》又称古公亶父妻为'姜女'，或许后来此名即与民众口头的'孟姜'相并合。杞梁之妻的名，或由孟姜移转而渐变为'孟姿'，以至'孟仲姿'。"《毛诗故训传》说："孟姜，齐之长女。"陈奂《诗毛氏传疏》："孟姜，世族之妻。"可见，先秦时期，"孟姜"一般称齐国国君之长女，亦通指世族妇女。也就是说，当时很多齐国公室的贵族妇女，都可称"孟姜"。

而那个杞梁，因为妻子已经有了这样美好典雅又朴实的名字，他的名字似乎也该活泼一些，好记一些，村俗一些，以符合民间的趣味，于是，他也有了多次改名：杞良、范良、犯良、范杞梁、万杞良、范喜良、万喜良、范希郎、范士郎等。从这些名字里你可以看到民间的审美，也可以看到三家村老学究的趣味。因为孟姜女的故事最终全国开花，各地乡亲都喜欢她，都拉她做老乡，

九 孟姜女哭长城：中国良知

于是，孟姜女的出生地，也就有了长清、安肃、铜官、泗州、松江、武州等；孟姜女的死地，有益都、铜官、潼关、山海关、东海、鸭绿江等；大家都同情她的死，对她的死有多种不同的想象和悲哀，于是，她的死法就有了哭死、力衰而死、被城墙压死、投河自尽、跳海赴死、投火化烟等。

最可骇人听闻的，也最"文不雅驯"的是，她的哭声不仅具有感动人心的精神能量，还具有巨大的物质能量，能崩城、崩山。她哭崩的城和山有：杞城、莒城、韩城、梁山等。当然，最后，也是最重要的，是长城出现了，并且被她哭崩了，且被她哭崩的长城长度，有五丈、三千多丈、八百里、万里、十万里等多种不同说法。

我们在孟姜女故事里看到的，是中国的良知，是知识界常常被历史主义、专业主义遮蔽了的良知。

看民间传说的孟姜女故事，我感觉古代的中国老百姓，心里是有数的，至少知道自己的位置和利益在哪里。当时，中国广大乡村，识字率不高，受教育程度不高，老百姓普遍很无知，但是，他们不愚蠢。没受到什么文化教育的古代匹夫匹妇，其实只是无知而已。而愚蠢有时恰恰是某种教育的结果。

鲁迅尝言：

> 诚然，老百姓虽然不读诗书，不明史法，不解在瑜中求瑕，屎里觅道，但能从大概上看，明黑白，辨是非，往往有决非清高通达的士大夫所可几及之处的。……谁说中国的老

百姓是庸愚的呢,被愚弄诓骗压迫到现在,还明白如此。(《且介亭杂文二集·"题未定"草》)

对秦始皇的评价和态度,是一个民族良知的试金石,也是一个民族能否走出古代,走入现代的门槛,是一个国家的政治能否摆脱旧有桎梏,走入现代政治的门槛。

在孟姜女的传说中,我看到了一个民族藏在民间、藏在乡下、藏在最底层民众意识中的良知。这是一个民族被封建专制独裁制度肆虐两千年之后仍能珍藏葆有希望的原因所在。正如鲁迅在上引那篇文章中的最后一句话:

石在,火种是不会绝的。

可以说,底层民众淳朴的未经雕琢的天然良知,是民族绵延不绝的生息之源!